난 결혼해도 연애가 하고 싶다

혼외연애

· **일러두기**

1. 이 책은 가메야마 사나에의 『婚外恋愛』(가도가와 미디어팩토리 신서, 2014)를 옮긴 것이다.
2. 대화를 인용할 때는 큰따옴표를, 단어나 구절을 강조할 때는 작은따옴표를 사용하였다.
   단행본은 『 』로, 영화나 드라마는 〈 〉로 표시하였다.
3. 본문에 등장하는 사례의 인물들은 모두 가명을 사용하였다.
4. 이 책의 모든 외래어 및 외국어의 표기는 국립국어연구원의 원칙에 따랐다.
5. 본문에 있는 주는 모두 옮긴이주이며, 괄호를 사용하여 옮긴이라고 표기하였다.

난 결혼해도 연애가 하고 싶다

혼외연애

뭐야, 결혼한 사람이 연애를 한다고?

창해

연애의 형태는 시대를 비추는 거울이다

"아무에게도 말하지 않았고 말을 할 수도 없지만, 결혼하기 전에 사귀었던 애인을 다시 만난 지 벌써 5년이 됐어요. 물론 둘 다 가정을 버릴 생각은 없어요. 다만 가끔 만나서 함께 지내는 시간은 내 인생에서 가장 소중한 보물입니다."

최근 불륜이라는 말이 사라지고 있다. 그렇다고 결혼한 남녀의 만남이 줄어든 것은 아니다. 아니, 오히려 점점 더 늘고 있는 것이 현실이다. 그렇다면 왜 불륜이라는 말이 사라지고 있을까? 그이유는 단 하나, 사람들의 사고방식이 바뀌었기 때문이다.

최근에 불륜을 대신해서 등장한 단어가 있다.

바로 혼외연애다.

"결혼한 사람이 다른 사람을 사랑하다니, 그런 이야기는 나하고 아무런 관계가 없어!"

이렇게 딱 잘라 말할 수 있는 사람이 얼마나 될까?

물론 지금은 관계가 없을지도 모른다. 하지만 이 세상에 미래를 장담할 수 있는 사람이 얼마나 될 것인가. 오늘 사랑에 빠질지도 모르고, 내일 사랑에 빠질지도 모른다. 또는 당신의 배우자가 오늘, 지금 이 순간 사랑에 빠져 있을지도 모른다. 사랑은 언제 어디서 일어날지 모르는 교통사고 같은 것이니까…….

앞에서 한 여성의 말이 현대의 혼외연애를 정확하게 표현하고 있다. 그녀는 전업주부로, 올해 마흔일곱이다.

불륜이란 말이 왜 혼외연애란 말로 바뀌었을까?

그로 인해 기혼자의 연애는 어떻게 달라졌을까?

기혼자의 연애는 가정 생활에, 또는 결혼 생활에 어떤 영향을 미칠까?

그리고 남녀관계에는 앞으로 어떤 일이 일어날까?

이것은 모든 사람이 알아두어야 할 중요한 문제이다. 나와는 관계가 없다고 단호하게 말할 수 있는 사람은 이 세상에 없으니까.

"혼외연애는 절대 있어서는 안 되는 부도덕한 일이다."

이렇게 결론을 내리는 것은 매우 쉬운 일이다. 혼외연애에 빠진 사람들을 비난하는 것도 간단한 일이다.

본인들도 좋은 일이다, 두 손 들고 환영할 만한 일이다, 라고 생각하지는 않는다.

그렇다면 결혼해서 가정이 있는 사람이 무슨 생각으로 다른 사람을 만나는 것일까?

왜 그런 상황에 빠진 것일까?

왜 이혼을 하지 않고 연애만 하는 것일까?

연애의 형태는 시대를 비추는 거울이다.

나는 현재 50대 중반인 1960년생으로, 내가 20대 초반일 때는 '애인 뱅크'라는 회사가 있었던 기억이 난다. 실제로 내 주변에 그 회사에 등록한 뒤, 유부남의 애인이 되어 화려하게 사는 친구가 있었다. 거품 경제가 활개를 치던 시절의 이야기다.

우리는 "이 세상에서 사랑만큼 좋은 것은 없다!"라고 외치던 연애지상주의 시대의 부산물이다. 하지만 그때 친구를 보면서, 사랑과 불륜의 삶은 엄연히 다르다는 사실을 절실히 깨달았다.

그 이후 거품 경제가 무너지면서 정리해고가 버젓이 행해지던 시절을 거쳐 지금은 기나긴 불황의 늪에 빠져 있다. 이런 식으로 시대가 변하면서 연애의 형태도 조금씩 달라지고 있다. 그리고 지금은 마음의 인연과 정신적인 반려자, 즉 가정이 있는 여성이 가정이란 울타리 밖에서 사랑하는 사람을 애타게 찾아 헤매는 형태가 주류를 이루고 있다.

그러면 여기에서 한 가지 문제가 등장한다. '과연 결혼이란 무엇인가?'라는 문제이다.

근대에 접어든 이후, 지금처럼 가정 있는 여성이 가정이란 울타리 밖에서 진심으로 사랑을 찾아 헤매는 시대가 또 있었을까?

여성들은 지금 아무도 몰래 사랑을 하고 있다. 그녀들은 무엇 때문에 아무도 모르게 사랑을 하는 것일까? 그리고 사랑의 끝에는 과연 무엇이 있을까?

언뜻 보기에는 가벼운 마음으로 사랑하는 것처럼 보이지만, 이 사랑에는 커다란 위험이 따른다. 사랑의 장애물은 예전보다 작아졌을지 모르지만, 그렇다고 완전히 사라진 것은 아니다. 따라서 여성들은 결코 가벼운 마음으로 다른 남성을 사귀는 것이 아니다. 위험이 따른다는 것을 알면서도 사랑에 빠질 수밖에 없는 간절한 사정이 있는 것이다.

미리 말해두지만 나는 결코 이런 관계를 권하지는 않는다. 다만 가정이란 울타리 밖에서 사랑에 빠진 기혼 여성이 늘고 있는 것은 사실이다.

나는 이 시대를 살아가는 현대 여성들이 무슨 생각을 하고 있는지, 무엇 때문에 바깥 세계에서 사랑을 찾는지, 여성들의 자세

한 속사정을 알고 싶어서 견딜 수 없었다.

이 책은 그런 궁금증을 바탕으로, 지금의 현실을 적나라하게 밝혀주는 연애 현장 리포터라고 할 수 있을 것이다.

1장

불륜에서 혼외연애로

"

불륜과 혼외연애,

사람들의 의식에 영향을 미치는 말의 변화

불륜이란 말은 원래 '인륜에 어긋나는 일'을 뜻한다. 따라서 남녀관계에 한정한다면 '불륜의 사랑'이라고 해야 맞는다. 그리고 언제부턴가 사용하게 된 단어가 바로 혼외연애이다.

사람의 도리에서 벗어난다는 뜻을 가지고 있었던 불륜이라는 말에 비해 혼외연애라고 하면 말에 깃들어 있는 비도덕감이 단숨에 희미해진다. 더구나 결혼이라는 울타리 밖에서 연애를 하는 만큼 결혼에 악영향을 미치는 일은 없는 것처럼 여겨진다. 행위 자체는 더블 불륜과 똑같은데, 말이 바뀌자 마치 좋은 현상인 듯한 착각마저 들게 하는 것이다.

말의 변화는 사람들의 의식에 영향을 미치는 법이다.

"

불륜의 시작

나는 지금까지 약 15년간 불륜 관계에 있는 남녀와, 유부남 또는 유부녀를 사귀는 남녀를 취재해왔다. 맨 처음 취재를 시작했을 때는 불륜이라는 단어를 입에 담기 꺼림칙할 만큼 옳지 않은 사랑이라는 이미지가 강했다.

"인륜에 어긋나는 일이다."

"사람의 도리에서 벗어난 사랑이다."

사람들의 머릿속에는 이런 가치관이 깊숙이 뿌리를 내리고 있었다.

15년 전만 해도 미혼 여성과 기혼 남성 커플이 압도적으로 많고, 머리를 감싸며 괴로워하는 쪽은 주로 여성이었다.

"가정 있는 남자를 사랑하고 있다."

"사람으로서 하지 말아야 할 짓을 하고 있다."

"그가 보고 싶어서 견딜 수 없다."

"가장 필요할 때, 그는 항상 내 곁에 없다."

"이다음에 같이 살 수 있을까?"

여성들의 고민은 매우 심각했다.

"가정을 소중히 여기는 모습을 보고 그를 사랑하게 되었어. 그런데 사랑하면 할수록 나도 그와 같이 살고 싶은 마음이 커지더라고. 하지만 가정을 쉽게 내팽개치고 나와 같이 살겠다고 했다면 이렇게 깊이 사랑하지는 않았을 테지."

이런 식으로 고민의 악순환에 빠진 여성도 많았다.

기혼 남성과 미혼 여성 커플은 같은 회사에 다니는 사람들 중에 쉽게 찾아볼 수 있었다. 예전에는 서로 연락하기도 여간 힘들지 않았다고 한다. 그래서 서류 사이에 메모지를 끼워두거나 미리 신호를 정해두곤 했다. 그래도 서로 연락이 되지 않아 만나지 못한 채, 눈물을 삼키며 집에 간 사람도 있었다. 그때만 해도 무선호출기를 통해 연락하던 커플이 많았는데, 집에 있을 때 무선호출기가 울리는 바람에 아내의 의심을 산 남성도 적지 않았다.

그래도 불륜은 끊이지 않았다. 그런 불편함을 감수하면서까지 그들은 서로 머리를 맞대고 좋은 아이디어를 짜내서 만날 기회를 만들었다. 어쩌면 연애에 대한 에너지는 지금보다 훨씬 많았을지도 모른다.

불륜의 변천

지금부터는 불륜의 역사를 간단히 되돌아보기로 하겠다.

일본은 원래 일부다처제에다 데릴사위 제도까지 있어서, 불륜을 저지를 기회는 그렇게 많지 않았다. 가마쿠라 시대鎌倉時代(1185~1333)에 접어들고 무사가 활개 치는 세상이 되면서 비로소 불의밀통不義密通(도덕에 어긋나게 은밀히 통하는 것-옮긴이)이라는 개념이 태어난다. 그러나 서민의 감각은 달랐다. 공동주택이 많았던 에도 시대江戶時代(1603~1867)의 서민들 사이에는 그 시대의 아이돌인 '여염집 아낙네'가 있었고, 더구나 남성의 숫자가 압도적으로 적어서 유부녀와 좋은 관계를 맺는 미혼 남성이 적지 않았다. 그때만 해도 성性이나 남녀관계에 대범했던 것이다.

진정한 의미에서 일부일처제가 정착된 것은 메이지 시대明治時代(1868~1912)이다. 하지만 일본에서는 그 후로도 오랫동안 바람은 남자의 능력이라고 생각하는 면이 있었다. 경제력이 있으면 애인이 한두 명쯤 있어도 된다는 인식이 있을 정도였다. 심지어 아내의 승인하에 애인을 별채에 두는 경우도 있었고, 아내는 알고도 모르는 척해야 한다는 가치관이 일반적이었다.

쇼와 시대昭和時代(1926~1989)에 접어들면서 경제력이 별로 없는 샐러리맨이 많이 늘어났지만 그런 풍조는 사라지지 않았다. 그래서 불륜으로 인해 고민하는 여성이 늘어났다.

불륜不倫이란 말은 원래 '인륜에 어긋나는 일'을 뜻한다. 따라서 남녀관계에 한정한다면 '불륜의 사랑'이라고 해야 맞는다. 그런데 거품 경제가 시작되기 직전인 1983년, 한 TV 드라마가 불륜의 인식을 바꾸었다. 불륜이란 단어가 인륜에 어긋나는 일을 뜻하는 게 아니라 어느 한쪽이나 양쪽 모두 결혼한 사람들의 사랑으로 정착된 것이다.

바로 〈금요일의 아내들에게〉라는 드라마다. 그 이전에도 유부녀가 남편 이외의 남성을 보고 반하는 드라마나 소설은 많이 있었다. 하지만 〈금요일의 아내들에게〉는 여성이 자신의 의지로 남편이 아닌 남성과 사랑에 빠지는 최초의 드라마였다. 남성의 유혹을 받고 가슴 두근거리는 게 아니라 자신의 의지로 사랑을 하는 것이다.

그리고 일본은 거품 경제 시대로 돌입했다. 경제적으로 윤택한 남성들이 젊은 여성을 데리고 레스토랑이나 백화점을 돌아다닌 것이다. 일본에 해외 명품 브랜드가 물밀듯이 들어온 것도 이 시기였다.

지금 돌이켜보면 그 무렵, 나와 비슷한 또래였던 20대 후반 여성들은 대부분 기혼 남성과 사귀었다. 연애지상주의 사람들도 많아서 불륜을 저지른 끝에 죽느니 마느니, 엄청나게 시끄러웠다는 이야기를 종종 들었다. 그 시절의 가치관과 윤리관을 생각해보면 연애의 끝은 역시 결혼밖에 없었기 때문이다.

그리고 1991년에 거품 경제가 무너지고 장기 불황의 시대로 접어들었다. 남자들의 주머니가 얇아지면서 불륜이 잠시 시들었느냐 하면, 그렇지도 않았다. 사람들이 자아 찾기에 매달리면서 마음의 공백을 메우기 위해 오히려 사랑에 매달리게 된 것이다. 인간은 경제력이 있든 없든, 경기가 좋든 나쁘든, 결국 사랑에 빠진다는 뜻이리라.

또한 거품 경제가 무너지면서 사람들의 의식과 연애관에 커다란 변혁이 일어났다. 변혁을 주도한 사람은 우리 연애지상주의 세대였다.

처음에는 연애의 끝이 결혼밖에 없다고 생각했지만, 막상 결혼해보자 자기도 모르게 입에서 한숨이 새어나온다. 그리고 문득문득 공허함에 사로잡히면서 깊은 생각에 잠긴다. 이것이 과연 내가 그토록 동경했던 결혼 생활일까?

예전에는 결혼 생활의 모델이 있었다. 대부분의 여성은 결혼하면 일을 그만두고 전업주부가 되었다. 결혼을 영원한 취직이라고 했을 만큼, 한 번도 일한 적이 없는 여성도 적지 않았다. 그리고 자식을 낳고 지금보다 훨씬 힘든 집안일을 해냈으며, 손자가 태어나면 활짝 웃으면서 뒷바라지를 한 뒤 가족들이 지켜보는 가운데 조용히 눈을 감는다……. 당시만 해도 이것이 여성의 행복이었다.

그런데 1960년생인 나와 친구들은 윗세대의 낡은 가치관에 얽매이면서도 그 가치관대로 행동하지는 않았다. 고등학교를 졸업하든 전문대학을 졸업하든 4년제 대학을 졸업하든, 학교를 나오면 일단 일을 했다.

부모님들은 "혼전 순결을 지켜야 한다"라고 입이 닳도록 말했지만 실제로 그렇게 하는 여성들은 거의 없었다. 애초에 선을 보고 결혼하는 여성이 크게 줄었다.

결혼해서 일을 그만두는 게 아니라 아이를 낳고 어쩔 수 없이 일을 그만두는 여성이 많아졌다. 결혼하지 않고 혼자 사는 여성도 늘고, 이혼하는 여성도 흔히 볼 수 있게 되었다. 그만큼 인생관이 다양해진 것이다.

하지만 우리는 지금 낡은 가치관과 새로운 가치관의 경계선 위에 살고 있다. 그래서 낡은 가치관에 얽매여 결혼한 뒤, 새로운 가치관 속에서 생활하는 사이에 자신이 꿈꾸던 인생과 다르다고 실망하는 여성이 많은 것이다.

"결혼은 연애의 연장선이 아니야."

내 여자 친구 중에는 이렇게 말하면서 땅이 꺼져라 한숨을 토해낸 사람도 있다. 그렇다고 특별히 이혼할 이유는 없다.

한편 신혼여행에서 돌아오자마자 공항에서 헤어지는 '나리타成田 이혼'이라는 말이 유행한 것은 1990년대 후반이다. 하지만 우리 세대는 아직 기존의 가치관에 얽매여 있어서, 마음에 들지 않는다고 그런 식으로 쉬이 이혼하지는 못했다. 전쟁 이전에 태어난 부모의 손에 자랐기 때문에 어쩔 수 없는 문제이리라.

다만 연애에 대한 저항감은 별로 없다. 어쩌면 '어떤 상황에서도 사랑하는 것은 좋은 일이다'라는 시대의 분위기를 온몸으로 받아들인 최초의 세대일지도 모른다.

"
'기혼 남성과 미혼 여성'에서 '더블 불륜'으로

지금까지 불륜의 역사를 대강 살펴보았는데, 최근에 가장 눈에 띄는 변화는 커플들의 조합이다. 예전에는 미혼 여성과 기혼 남성의 조합이 많았지만 지금은 똑같이 가정을 가지고 있는 남녀가 사랑에 빠지는 경우가 많다.

젊은 여성들이 현명해지면서 "불륜은 수지타산이 맞지 않는다"라고 말하기 시작한 것이 2005년경부터이다.

"유부남을 만나려면 비슷한 또래의 애인을 한 명 더 만들어야 돼. 그렇지 않으면 대등한 관계가 될 수 없어."

미혼 여성들이 입을 모아 이렇게 말하기 시작한 것이다.

연애에서 상대와 대등해야 한다는 것은 분명히 현대적인 가치관이다. 그와 동시에 연애를 손익계산으로 생각하게 되었다는 증거이기도 하다. 그런 가치관이 침투함에 따라서 여성이 불륜의 사랑에 괴로워하며 눈물 흘린다는 이야기는 거의 들을 수 없게 되었다.

이런 현상에 큰 영향을 미친 것이 휴대폰의 보급이다. 불륜인 경우에는 연락하고 싶어도 할 수 없는 때가 많다. 상대가 필요할 때, 옆에 있어주기를 바랄 때 혼자 있어야 하는 것이 가장 큰 걸림돌이다.

그런데 누구나 휴대폰을 가지게 되면서 얼마든지 연락할 수 있게 되었다. 주말에도 메일이나 문자메시지를 주고받는 커플들이 많다. 그러자 불륜은 더 이상 장애물이 많은 사랑, 장애물이 있음으로써 더욱 불타오르는 사랑이 아니게 되었다. 더구나 수지타산을 따지면 불륜은 미혼 여성에게 손해일 수밖에 없다.

"연애에서 수지타산을 따지는 여성이 결국 아무도 행복해질 수 없는 사랑을 하다니, 이처럼 어리석은 일이 또 있을까?"

이렇게 생각하는 사람이 많아진 것도 사실이다. 물론 이것은 정론이다.

하지만 정론만으론 살 수 없는 것이 사람이고, 수지타산만으로 생각할 수 없는 것이 사랑이다.

기혼 남성과 미혼 여성 커플이 줄어드는 와중에, 남성들의 의식이 바뀌기 시작했다. "젊은 여자를 만나면 피곤하다" "젊은 여자와는 말이 안 통한다"라고 말하는 남성이 늘어난 것이다.

거품 경제가 무너진 이후, 많은 남성들이 정신적으로 피폐해지고 경제적으로 궁핍해졌다. 구조조정에 의해 회사를 떠나는 것도 지옥, 남는 것도 지옥인 날들이 이어진 것이다.

가정밖에 모르던 성실한 남성들이 사랑하고 싶다고 말하기 시작한 것은 2005년 이후부터이다. 어떤 업종이든, 어떤 모임이든 얼굴을 내밀면 40~50대 남성들이 입에 침을 튀기며 이렇게 말하기 시작했다.

"평생에 한 번쯤은 아름다운 사랑을 해보고 싶다."

가정 있는 남자들이 아름다운 사랑을 해보고 싶다니, 이상한 말이긴 하지만 나는 그곳에서 다른 종류의 감동을 받았다.

"아아, 드디어 남성들이 사랑에 관해서 말하기 시작하는구나!"

그 이전의 남성들은 결혼에 관해서도, 사랑에 관해서도 말을 하지 않았다. 자신의 감정조차 눈치채지 못하는 사람들이 무슨 말을 할 수 있으랴.

"사랑해서 결혼한 거 아니에요?"

사랑하고 싶다는 남성들에게 이렇게 물으면 다음과 같은 대답이 돌아오곤 한다.

"결혼해야 할 때가 돼서 한 것뿐입니다."

"오랫동안 사귀어서 그냥 했지요."

남성들의 인생에서는 사랑이 별로 중요하지 않은 것일까? 왜 결혼했느냐는 질문에는 다음과 같은 대답이 돌아왔다.

"결혼해야 비로소 어른이 될 수 있으니까요."

"가정을 가지고 책임감이 생기면 일도 열심히 할 수 있습니다."

"오랜 연애에 마침표를 찍어야 할 때가 됐으니까요."

남성들에게 가장 중요한 것은 사랑이 아니라 결혼해서 가정을 이루는 것일까? 어쩌면 오랜 사랑이 마침내 결실을 맺어서 결혼했다는 의식이 별로 없을지도 모른다.

그리하여 중년에 접어들어 사랑을 하고 싶다는 남성들이 나타나기 시작했다. 남성이 사랑에 관해서 열변을 토해도 손가락질 받지 않는 시대가 된 것이다. 그들이 원하는 것은 아름다운 사랑이고, 아름다운 사랑이란 마음과 마음으로 만나는 사랑이다. 꼬리가 길게 이어지는 불황에 몸과 마음이 모두 지친 상태에서, 그동안 아버지와 남편의 역할을 충실히 해온 가정에서는 이미 있을 자리가 없어진 남성들……

그렇다고 같은 세대의 여성들이 마냥 편한 것만은 아니다. 남편에 대한 불만이 산더미처럼 쌓여 있는 여성들은 한두 명이 아니다. 원래 사랑에 별다른 저항이 없는 세대이기도 하다.

그런데 젊은 남성들은 여성들의 울분이나 응어리를 이해해주지 못한다. 그리하여 만남 사이트 등을 통해 남편에 대한 불만을 들어주는 남성과 사랑에 빠지거나 동창회에서 만난 예전 남자친구와 관계를 맺는 여성이 늘고 있다. 남녀 모두 비슷한 세대를 만나는 편이 마음 편한 것이다. 특히 예전에 같은 학교에서 수학한 동창생에게는 쉽게 마음을 빼앗기게 된다. 이렇게 해서 기혼자끼리의 사랑이 급증한 것이다.

휴대폰이 스마트폰으로 진화한 것도 기혼자의 사랑에 박차를 가하고 있다. 최근에는 SNS, 특히 페이스북을 통해 사랑에 빠지는 경우가 많은 실정이다.

남성들은 페이스북에 등록하면 맨 먼저 예전에 좋아했던 사람을 찾아본다고 한다. 더구나 졸업한 학교를 등록하면 아는 사람일지도 모르는 사람과 연결해주니까 첫사랑을 찾을 가능성이 높아진다.

이런 식으로 사람들의 가치관이 바뀌거나 미디어가 진화하는 등, 여러 가지 요인이 뒤얽히면서 사랑에 대한 형태도 달라지고 있다.

"
"우린 불륜이 아니라 사랑이에요."

기혼자들의 사랑을 더블 불륜이라고 표현했지만, 아무래도 그 단어를 들으면 얼굴을 찌푸리게 된다. 어디 적당한 다른 표현이 없을까?

예전에 한 매스컴 관계자가 나에게 그렇게 물어본 적이 있다.

그리고 언제부턴가 사용하게 된 단어가 바로 혼외연애이다. 2002년에 TV 아사히에서 똑같은 제목의 드라마가 방영되었지만, 당시에는 그렇게 많이 사용되지 않았다. 그로부터 10년에 걸쳐 조금씩 퍼져 나가면서, 최근 2~3년 사이에 혼외연애란 말이 사람들 사이에 완전히 정착했다.

사람의 도리에서 벗어난다는 뜻을 가지고 있었던 불륜이라는 말에 비해 혼외연애라고 하면 말에 깃들어 있는 비도덕감이 단숨에 희미해진다. 더구나 결혼이라는 울타리 밖에서 연애를 하는 만큼 결혼에 악영향을 미치는 일은 없는 것처럼 여겨진다. 행위 자체는 더블 불륜과 똑같은데, 말이 바뀌자 마치 좋은 현상인 듯한 착각마저 들게 하는 것이다.

말의 변화는 사람들의 의식에 영향을 미치는 법이다.

"불륜이라는 말에는 부정적인 이미지가 강하잖아요. 저도 3년 전부터 중학교 동창을 만나고 있는데, 남편과 자식을 배신하고 불륜을 저지르고 있다는 죄책감이 강했지요. 그런데 최근에 TV나 매스컴을 통해 혼외연애라는 말을 계속 들으니까 '그래, 이건 사랑이야, 결혼과는 별개의 문제야'라고 생각하게 되더군요."

한 40대 후반의 여성은 나에게 이렇게 말했다. 이런 현상이 좋은지 나쁜지는 모르지만, 말이 변하면서 여성들의 사고방식이 변한 것만은 분명한 사실이다.

또한 "혼외연애가 있다는 말은 혼내연애도 있다는 거야?"라고 고개를 갸웃거린 친구도 있다. 하지만 지금까지 경험한 바에 따르면 혼내에 연애가 존재하는 경우는 거의 없다. 결혼하면 연애 감정이 사라진다, 따라서 혼외연애라는 말에는 결혼이란 울타리 밖에서 연애를 한다면 그것도 나쁘지 않다는 분위기가 숨어 있다.

예전에 불륜을 저지르는 당사자들은 결코 불륜이라고 인정하지 않았다. 여성이나 남성 모두 "우리는 결코 불륜이 아닙니다, 순수하게 사랑하고 있을 뿐이라고요"라며 힘주어 강조했다.

본인은 불륜이라고 생각해도 다른 사람이 그렇게 말하는 것은 끔찍하게 싫어했다. 꼭 자신의 순수한 사랑을 모욕하는 것 같다고 눈물을 머금은 여성조차 있었다.

혼외연애라는 말은 그런 사람들의 마음에 교묘하게 파고들어서, 최근에는 예전에 비해 죄책감이 희미해진 듯하다. 물론 결혼이나 연애에 관한 의식이 크게 변한 탓도 있지만…….

"저는 옛날부터 사람이 사람을 좋아하는 것은 나쁜 일이 아니라고 생각했어요. 그런데 결혼한 순간부터 이제 아무도 좋아해서는 안 된다니, 그건 좀 이상하지 않나요? 자식은 점점 손에서 멀어지고, 남편과는 완전히 가족이 되어서 남녀라는 의식이 손톱만큼도 없어요. 다른 남자를 사랑하는 게 도덕적으로 허용되지 않는다는 사실은 알지만, 마음은 그렇게 되지 않더라고요."

어느 40대 후반 여성은 이렇게 말했다. 외아들은 대학에 들어간 이후 공부하랴 아르바이트하랴 친구들과 어울리랴 정신이 없다. 같은 세대인 남편의 머릿속에는 오로지 일밖에 없다. 그녀는 파트타임으로 일을 하면서 취미로 요가나 도예를 배우고 있지만, 그래도 마음의 공허함은 채울 수 없었다.

그때 고등학교 동창회가 있었다. 40대 중반이 넘어가면 갑자기 동창회가 많아진다. 생활도 안정되고 아이들 뒷바라지에서 한숨 돌린 뒤 문득 뒤를 돌아보니 옛 친구가 보고 싶은 것이리라.

그녀는 동창회에서 고등학교 때 좋아했던 남자를 만났다.

"고등학교 때 좋아했다고 농담처럼 말했어요. 나이를 먹어서 뻔뻔스러워진 데다가 그런 말을 자연스럽게 할 수 있는 게 동창회의 좋은 점이겠지요."

그런데 농담이 사실로 발전했다. 친구들이 두 사람을 놀리면서 그는 그녀를 강렬하게 의식하게 된 것이다.

다음 날부터 그가 문자메시지를 보내왔다.

그리고 두 사람만의 데이트.

"단둘이 만나자 처음에는 긴장했지만 옛날 친구라서 그런지 금방 긴장이 풀리더군요. 서로의 처지도 비슷해서 편하게 이야기할 수 있었어요. 특별히 인생을 후회하는 것은 아니지만 그렇다고 남은 인생을 포기하고 싶지는 않아요. 육체적으로도 아직 바싹 마르지 않았고요. 집에 오는 길에 호텔 앞을 지나는데 그가 갑자기 손을 잡아끌더군요."

미필적 고의. 공범 감각. 내 안에서 잊고 있던 사랑이 되살아난 순간.

그때 두 사람의 머릿속에 가정은 없었으리라.

자식이 아직 어리면 브레이크가 작동한다. 하지만 자식이 대학생이 되어 뒷바라지할 필요가 없어지면 여성의 앞길을 가로막는 것은 아무것도 없다.

그로부터 3년이 지난 지금도 두 사람의 관계는 계속되고 있다. 한 달에 한 번이나 두 번, 서로 무리하지 않는 범위 안에서 만나 서로의 몸과 마음을 기댄다. 평소에는 문자메시지나 메신저 서비스를 통해서 대화를 나눈다. 지금 당장 만나고 싶어도 다음에 만날 때까지 이를 악물고 기다릴 수 있다. 나이를 먹으면 조바심을 억누를 수 있게 되니까.

젊은 시절에는 너무나 절박했다. 지금 당장 만나지 않으면 숨을 쉴 수 없고, 지금 당장 얼굴을 보지 않으면 죽을 것 같은 초조감에 시달렸다. 그것은 대체 무엇이었을까?

하지만 중년에 접어든 지금은 질투의 감정도 조절할 수 있고, 억지를 부려서 관계를 무너뜨리기보다 천천히 키워나가려는 마음이 강하다.

즉, 아름다운 사랑을 키우는 데 가장 중요한 것은 마음의 여유일지도 모른다.

그래서 기혼자끼리의 사랑은 의외로 오래 지속되는 법이다. 옳으냐 그르냐는 별도로 치더라도…….

"

가정 문제도 의논할 수 있는 사람

사랑을 유지하는 데 빼놓을 수 없는 중요한 것이 있다. 바로 공감이다.

젊은 시절에는 '다정한 공감'을 키우기 힘들다. 아직 사랑에 대한 확신이 없어서 그런지 서로 밀당을 하기도 하고, 상대를 진심으로 이해하기도 힘들다.

그러나 가정을 가지고 결혼 생활을 하면서 흔히 말하는 산전수전을 다 겪은 나이가 되면 상대에 대한 공감 능력이 높아진다. 남성은 원래 공감 능력이 떨어진다고 하지만, 그래도 회사나 가정에서 시달린 탓에 젊었을 때보다는 여성의 마음을 이해할 수 있게 된다.

더구나 서로 가정에 관해서 말할 수 있다. 기혼 남성과 미혼 여성 커플인 경우, 남성은 애인에게 가정에 관한 불만을 털어놓을 수 없다.

"그렇게 불만이 많은데 왜 이혼하지 않죠? 그렇게 아내를 사랑하세요? 그렇게 가정이 소중하세요?"

이런 비난이 돌아올 것이 뻔하기 때문이다.

반면에 기혼 여성에게는 아내에 관해 불만을 털어놓을 수 있다. 자식에 관해서도 의논할 수 있다. 그러는 사이에 두 사람의 관계는 더욱 긴밀해진다.

혼외연애에서 두 사람의 관계가 긴밀해질수록 '가정이란 뭐지?' '결혼이란 뭐지?' 하는 의문이 솟구친다.

"그렇다면 지금의 상대와 이혼하고 재혼하면 되지 않는가?"

물론 개중에는 이렇게 말하는 사람도 있으리라. 하지만 그들은 알고 있다. 지금의 상대와 이혼하고 재혼한다고 해도 똑같은 일상이 이어지면서, 자신은 또 다른 곳에서 사랑할 사람을 찾으리라는 것을……. 물론 본인들에게 물으면 고개를 흔들며 화를 낼지도 모른다.

"아니, 이 사람이니까 만나는 것이다. 만약 이 사람과 헤어지면 다시는 혼외연애를 하지 않겠다!"

그래도 결혼과 연애가 다르다는 것을 깨달았으니, 지금 만나는 상대와 재혼해도 무의식중에 다른 사랑을 추구할 것이다. 가정은 어디까지나 일상생활을 하는 곳이지, 사랑에 정열을 쏟을 곳이 아니니까.

"혼외연애? 말은 그럴 듯하지만 그냥 즐기는 거지 뭐. 서로 이혼하고 재혼할 만큼 사랑하지는 않는 거야."

이런 식으로 모든 것을 안다는 듯이 득의양양하게 말하는 사람도 있다. 사랑의 종착지를 결혼이라고 생각하는 것이다.

사람들은 일반적으로 사랑과 결혼을 하나로 묶어서 생각한다. 하지만 사랑과 결혼은 다르다. 결혼하지 않는다고 해서 사랑하지 않는다고 할 수 있을까?

더구나 많은 사람들은 가정을 버리는 것에 대해서, 밖에서 다른 사람을 사랑하는 것보다 훨씬 큰 죄책감을 가지고 있다. 물론 혼외연애를 하면서 가정을 유지하는 것은 교활하고 비겁한 짓이라고 비난할 수도 있지만, 이혼해서 자식에게 상처를 주기보다 혼외연애를 하면서 가정을 소중히 지키고 싶다는 사람도 충분히 이해할 수 있다. 더구나 이혼은 두 사람만의 문제가 아니고 경제적인 문제도 뒤얽힌다.

무엇보다 이것은 '혼외'연애이기 때문에 '혼내'에 악영향을 끼치지 않겠다는 나름대로의 각오도 있을지 모른다.

미리 말해두지만 나는 결코 불륜이나 바람, 혼외연애를 권장하지는 않는다. 지금까지 긍정도 부정도 하지 않는 중립적인 입장에서 취재를 해왔다. 다만 혼외연애를 하는 사람의 이야기를 들으면서 어쩔 수 없는 일이라고 고개를 끄덕이며 공감하는 경우가 적지 않았던 것만은 사실이다.

나는 사랑은 좋은 일이라는 풍조 속에서 자란 세대이다. 사랑하는 사람을 그 누가 비난할 수 있으랴. 사랑은 자기도 모르는 사이에 갑자기 다가오는 법이다. 따라서 옆에서 지켜보는 제3자는 좋다거나 나쁘다고 비난할 수 없다.

나는 단지 상대방이 어떻게 망설이고, 어떻게 마음을 정리하면서 사랑을 하는지 지켜보면서 그들의 이야기를 들었다.

2장

연애와 결혼은 다르다?

"

연애와 결혼,
　　　그 둘은 어떤 관계가 있고 어떤 차이점이 있을까?

어린 시절에 동화책을 읽으면 마지막은 항상 '왕자님과 공주님은 영원히 행복하게 살았습니다'라는 말로 끝난다. 나는 그것이 이상해서 견딜 수 없었다. 죽을 때까지 행복하게 살았다는 것일까? 애초에 행복하게 살았다는 것은 무슨 뜻일까? 결혼할 때처럼 계속 사랑하며 살았다는 뜻일까? 어린 마음에도 거짓말이라는 마음을 지울 수 없었다.

행복이 영원히 계속되는 일은 있을 수 없다. 살다 보면 현실적으로 수많은 일이 일어나게 마련인데, 영원히 행복할 수 있을까?

사람에게, 특히 여성에게 결혼이 최고의 행복이라고 누가, 언제부터 세뇌시키기 시작했을까? "혼자는 먹고살 수 없어도 둘이라면 먹고살 수 있다"라는 말이 있듯이 애초에 결혼은 먹고살아가기 위한 생활 수단이 아니었을까?

그것이 연애라는 근대의 새로운 개념과 이어지면서 어느새 연애의 연장선에 결혼이 있고, 결혼이 곧 최고의 행복이라고 받아들이게 되었다. ……어딘가 이상하다. 무엇인가 모호하다.

연애와 결혼, 그 둘은 어떤 관계가 있고 어떤 차이점이 있을까?

" 결혼해야만 비로소 가족의 모습을 알 수 있다

나도 20대 중반까지는 연애의 종착지는 결혼이라고 생각했다. 정말 좋아하는 사람이라면 한시도 떨어지지 않고 매일 같이 있고 싶다. 따라서 결혼이라는 방식을 선택하는 건 당연한 일이다…….

그리고 20대 초반부터 사귀었던 두 살 어린 남성과 스물일곱에 결혼했다. 아니, 결혼하게 만들었다고 말하는 편이 옳을지도 모른다. 상대는 아직 25세로, 그는 30세까지는 결혼하고 싶지 않다고 했다. 하지만 나는 결혼해주지 않으면 죽어버리겠다고 그를 협박했다. 지금 생각하면 너무나 미안해서 쥐구멍에라도 들어가고 싶다. 상대는 한동안 고민하고 망설인 끝에, 내 협박에 굴복해서 결혼하겠다고 결심해주었다.

그런데 문제는 나에게 있었다. 혼인신고서를 쓰는 순간 "큰일 났다, 이게 아닌데"라는 생각이 든 것이다. 내가 원하는 것은 그와 같이 사는 것이지, 구청에 혼인신고서를 내는 것도 아니고 부부로서 인정받고 싶은 것도 아니며 하물며 누구 집안의 며느리가 되는 것도 아니었다. 이름을 쓰고 도장을 찍는 순간 왠지 모를 수치스러움이 솟구치고, 어쩐지 분하고 억울한 마음에 휩싸인 것이 어제 일처럼 선명하게 기억난다.

결국 우리 가정은 3년 만에 무너졌다. 결혼이라는 제도는 싫었지만 그와는 계속 만나고 싶었다. 그래서 그런 마음을 그에게 솔직하게 말했더니, 그는 이렇게 말하며 즉시 거부했다.

"난 굉장한 각오와 결심을 하고 당신과 결혼했어. 그리고 최선을 다해 남편 노릇을 했지. 그런 만큼 이혼하고 나서 당신을 만날 생각은 없어."

결혼은 제도이다. 결혼하느냐 마느냐는 제도 안으로 들어가느냐 마느냐이지, 사랑의 크기와는 아무런 관계가 없다.

더구나 옛날에는 거의 선을 보고 결혼하지 않았는가. 개중에는 결혼식을 올리는 날까지 상대의 얼굴을 모르는 사람도 있었다. 결혼은 사회에서 살아가기 위한 하나의 단위일 뿐이지 사랑의 종착지는 아니다. 나는 이혼하고 처음으로 그 사실을 깨달았다.

혼인신고서를 쓰면서 불쾌함에 사로잡혔던 사람은 나 말고도 또 있으리라. 아마 그들도 사회의 제도나 규범에 익숙해지지 않는 사람일 것이다. 그래서인지 결혼 생활을 오래 유지하는 사람들을 보면 순순히 경의를 느낀다. 그와 동시에 결혼을 했으면서 다른 한편으로 계속 연애하는 사람을 보면 그 왕성한 에너지에 감탄사를 연발하게 된다.

삶에는 여러 가지 형태가 있다. 결혼을 등지고 사는 사람도 있고, 결혼에 밀착해서 사는 사람도 있다. 그리고 한 발짝 떨어져서 자유롭게 사는 나 같은 사람도 있는 것이다.

##　　"

결혼과 연애는 다르다

"예전에는 결혼과 연애가 다르다는 사고방식을 싫어했어요."

가나코 씨(45세)는 얼굴을 찡그리면서 그렇게 말했다. 고등학교에 들어가자마자 사귄 1년 선배와 혼전임신으로 스물둘에 결혼했다. 큰아이를 낳자마자 이듬해에 연년생으로 둘째아이를 낳았다.

"남편과는 사이가 좋지만 말 그대로 친구 같은 부부예요. 남편은 시아버지의 뒤를 이어서 토목 일을 하고 있지요. 아들바보에다 좋은 사람이긴 하지만, 남편에게는 연애 감정이 조금도 없어요. 첫사랑에다 아이를 가져서 결혼할 수밖에 없었거든요. 물론 지금도 가족으로서는 남편을 좋아해요."

그런데 5년 전에 남편의 후배와 관계를 가지게 되었다. 분위기에 휩쓸렸는지 상황에 휩쓸렸는지 모르지만, 어쨌든 그녀는 진심으로 그에게 빠졌다.

"저보다 여덟 살이나 어리니까 어떻게 보면 그도 참 무모한 사람이지요. 이혼하고 자기랑 같이 살자고 계속 조르는데, 저는 가정을 버릴 생각이 없어요. 가족에 대한 책임도 있고 역시 가족은 소중하니까요. 하지만 그를 보면 가슴이 두근거리고, 같이 있으면 숨이 막힐 정도로 행복해요. 다만 그는 그런 제 마음을 이해하지 못했지요. 그래서 1년 정도 만났는데 결국 우리 회사를 그만두고 고향으로 돌아갔어요. 그때 결혼과 연애는 다르다는 걸 통감했습니다."

그녀에게는 여덟 살이나 어린 그가 첫 연애 상대였을지도 모른다. 남편과도 사랑에 빠진 적이 있었지만 그때는 어려서 아무것도 몰랐다. 어린 나이에 7년이나 사귀고 아이까지 가졌으므로 종착지는 결혼밖에 없었다. 다행히 성격적인 궁합은 좋았기 때문에 결혼 생활을 유지하는 데에는 아무런 문제가 없었다.

그런데 남편의 후배를 처음 본 순간 심장이 두근거리고 정신이 아득해져서 똑바로 서 있을 수 없었다. 그리고 그를 사랑하지만 자신에게 중요한 것은 가정이라는 사실을 깨달았다고 한다.

남편 이외의 사람을 좋아하고, 그것이 사랑이라고 절감하는 여성은 적지 않다. 그러나 그런 여성의 대부분은 '이 사람과 결혼해도 잘살 수 없다, 나에게 중요한 것은 가정이다'라는 사실을 깨달곤 한다.

여성에게는 바람이 맞지 않는다는 말이 있다. 사랑에 빠지면 가정을 버리면서까지 남자에게 달려간다는 뜻이다.

그러나 내가 지금까지 경험한 바로는 그렇지 않다. 물론 남녀를 불문하고 사랑에 빠져서 가정을 버리는 사람도 있다. 하지만 대부분의 여성이 사랑과 결혼은 다르다고 생각한다.

열렬히 사랑해서 결혼해도, 결혼이란 매일같이 생활하는 것이고 생활이란 맨얼굴을 보는 것이다. 상대의 사소한 버릇이나 습관, 쉬는 날에 축 늘어져 있는 모습도 당연히 눈에 들어온다. 좋은 모습만 보여주었던 연애시절과는 천지차이인 것이다.

"
결혼한 후에도 남녀로 지내는 부부

지인 중에 멋지게 사는 50대 부부가 있다. 이들 부부는 서로 남자와 여자로서 최소한의 예의를 지킨다고 한다. 맨 처음에는 여자분을 만났고 그때 아이들은 이미 독립하고 부부 두 사람만 살고 있었다.

그녀는 주말에도 아침 일찍 일어나서 예쁜 옷으로 갈아입고, 얇게 화장을 한 뒤 아침식사를 준비한다. 남편도 단정하게 옷을 갈아입고 식탁에 나타난다. 맛있는 커피를 타주는 것은 남편의 역할이다.

연극을 보러 갈 때면 아내는 반드시 미용실에 가서 머리를 하고 메이크업을 받는다. 그리고 옷장 안에서 그 공연장이나 연극 분위기에 맞는 옷을 고르고 한껏 치장을 한다. 대충 치장하면 남편이 "오늘은 시간이 없었어?"라고 말한다.

겉으로 보기에는 탄성이 흘러나올 만큼 멋진 부부이지만, 실제로 그렇게 살면 얼마나 피곤할까?

허물없이 지내게 되었을 때, 나는 솔직하게 물어보았다.

"피곤하지 않아요? 주말에는 가끔 아침도 거르고 빈둥빈둥 지내고 싶을 것 같은데."

그녀는 잠시 내 얼굴을 물끄러미 쳐다보았다.

"계속 남자와 여자로 있기로 했으니까 그럴 순 없어요. 나는 평범한 가정에서 자라 일요일에는 늦게까지 이불 밑에서 빈둥거리고, 점심때쯤 겨우 일어나서 아침 겸 점심을 먹었지요. 하지만 남편은 그런 것을 용납하지 않아요. 그뿐만 아니라 술도 취할 때까지 마시지 않지요. 항상 뭐든지 적당히 하면서 도에 벗어난 일을 하지 않아요. 정말 훌륭한 사람이지만 말씀처럼 가끔 피곤하긴 해요."

그녀는 말을 마치자 깊이 한숨을 내쉬며 개구쟁이처럼 웃었다.

입은 웃었지만 눈은 웃지 않았던 것이 똑똑히 기억난다.

가정은 편안히 쉴 수 있는 곳이어야 한다. 항상 반듯하게 있어야 하면 역시 피곤할 수밖에 없다. 하지만 그렇게 하지 않으면 남녀로서의 긴장감을 유지할 수 없다는 남편의 주장에도 고개가 끄덕여진다.

집 안에서 축 늘어져 있으면 남녀로서의 긴장감은 잃어버릴 수밖에 없다. 이것이 결혼의 현실이지만, 결혼한 이상 다른 이성에게 눈을 돌리면 안 되는 것이 사회적 규칙이다. 그러면 남편과 아내, 아빠와 엄마라는 역할 이외에 자신이 남자라는 것, 여자라는 것을 확인할 자리는 어디에도 없다. 그래서 안 된다는 것을 알면서 결혼 생활 이외의 자리에 눈을 돌리게 된다. 그리하여 혼외연애가 태어나는 것이다.

．

여자로서의 나를 잃어버린다

"결혼했을 때는 남자와 여자였는데……."

내 친구인 에미 씨(47세)는 이렇게 말했다.

그녀는 다섯 살 많은 직장 선배와 2년을 사귄 뒤, 서른 살을 코앞에 두고 결혼했다. 당시 그녀가 그에게 푹 빠졌다는 것은 나도 알고 있었다. 처음에는 그녀의 일방적인 짝사랑이었지만 결혼하고 나서는 입장이 역전되었다.

"일도 잘하고 사회생활도 잘해서 멋있고 스마트한 사람인 줄 알았는데, 집에서는 얼마나 칠칠치 못한지 몰라. 둘 다 부모님과 같이 살아서 몰랐던 거야. 결혼하기 전에 같이 여행 갔을 때는 자신의 칠칠치 못함을 보여주지 않으려고 죽을힘을 다했대. 집에선 옷을 벗으면 아무 데나 내던지고, 입이 닳도록 잔소리를 하지 않으면 샤워도 안 해. 책이나 신문을 보는 것은 좋지만, 본 뒤에는 아무 데나 내동댕이치지 뭐야? 애들 교육에도 좋지 않으니까 맨날 시시콜콜 잔소리를 하는 수밖에 없어."

그러는 와중에 남편은 자식에게까지 잔소리를 듣고 쓴웃음을 지어야 하는 지경이 되었다. 사랑에 빠졌던 직장 선배는 더 이상 멋있고 스마트한 사람이 아니다. 그녀는 쌍둥이를 낳으면서 회사를 그만두었는데, 남편은 여전히 회사에서 멋있고 일 잘하는 사람으로 통한다고 한다.

"우리 집에 와서 자기 눈으로 직접 보라고 말하고 싶어. 하긴 뭐 집에서 그렇게 푹 쉬니까 일에서 집중력을 발휘할 수 있는지도 모르지. 그래서 최근에는 별로 잔소리를 하지 않지만, 남자로서는 관심이 없어졌어."

그녀의 남편은 나도 몇 번 보았지만, 키가 크고 높은 연봉에 성격도 좋은 사람이다. 그런데 생각해보면 어디선가 긴장감을 빼지 않으면 그만한 집중력을 유지할 수 없으리라. 그녀는 배짱도 있고 박력도 넘치며 온몸에서 기운이 샘솟는 호탕한 성격이다. 남성보다 오히려 여성에게 인기가 많아서, 두 사람이 결혼했을 때는 "왜 에미 같은 사람이 그런 남자와 결혼하지?"라고 말하며 우는 사람이 있었을 정도였다.

하지만 아마 그는 간파했으리라. 그녀라면 자신의 칠칠치 못한 모습을 봐도 결코 떠나지 않으리라는 것을, 또는 자신의 한심한 모습도 받아들이리라는 것을.

"흔히 남편은 자식 같다고 하잖아. 우리 집이 그래. 고등학생인 쌍둥이 아들들 밑에 중학생 딸이 있고, 남편은 꼭 막내 같아. 제일 한심하고 제일 칠칠치 못하지."

가족끼리 모여 있으면 행복하다고 한다. 같이 외출하는 것도, 집에서 식사하는 것도, 다섯 명이 다 모이면 더할 수 없이 행복하고 마음이 편하다.

"하지만……."

그녀는 그렇게 말한 뒤 잠시 말을 끊었다.

"나도 여자야. 그런데 우리는 벌써 10년째 섹스리스지. 아이들을 돌보느라 지쳐서 내가 거절했던 탓도 있지만, 그러는 사이에 남편도 더 이상 손을 내밀지 않더라고. 그래도 좋을까 생각하는 사이에 최근에는 누군가의 품에 안기고 싶다, 다시 가슴이 설레고 싶다, 따뜻한 사랑에 굶주려 있다…… 그런 생각이 들더라고."

그녀의 온몸에서 위험한 향기가 흘러나온다. 자신의 내부에서 공백을 느끼는 여성은 마음에 드는 사람이 나타났을 때, 그 공백에 상대를 끼워 넣는다. 그녀의 나이가 47세라는 것도 위험하다.

"가족은 정말 소중한 존재라고 생각해. 하지만 마음의 한쪽 구석은 쓸쓸해서 견딜 수 없어. 아이들에게는 미래가 있지만 나에게는 뭐가 있을까? 나는 이대로 늙어 죽는 것일까? 아이들이 둥지를 떠난 뒤에는 어떻게 해야 할까? 최근에는 그런 생각이 머리를 가득 메우고 있어. 뭔가 시작하고 싶다, 뭔가 시작해야 한다고 생각하지만 원래 사교적인 성격도 아니고……. 아직은 자식들에게 돈이 드니까 내 취미에 돈을 쏟아부을 수도 없고…… 어떻게 해야 할지 모르겠어."

파트타임으로 일을 하고 있지만 자신의 능력을 살리기 위해서가 아니라 가계나 교육비의 보탬이 되기 위해서이다. 생활에 쫓기는 정도는 아니지만 쓸데없는 데에 돈을 쓸 형편은 되지 않는다.

40대 여성의 대부분이 그녀와 비슷한 상황에 놓여 있지 않을까. 먹고사는 데에는 지장이 없지만 자신의 취미나 오락에 돈을 사용할 수는 없다. 그런 날들 속에서 여자로서의 자아를 잃어버리고 있다고 그녀는 한탄했다.

또 다른 친구는 이렇게 말했다.

"우리 부모님은 지금도 아주 사이가 좋아. 난 시골에서 태어나고 자랐는데, 밤에는 굉장히 무서워서 바들바들 떨었어. 집이 너무 큰 데다 소름끼칠 정도로 어둡고 조용했거든."

그녀는 초등학생 때에 엄마가 밤마다 울었다고 생각했다. 그런데 중학생이 되어서 사건의 전말을 알게 되었다. 고등학생 때에도 밤이 되면 엄마의 신음 소리가 들렸다고 한다.

"당시에는 부모님이 아직 건강한 여자와 남자라는 걸 인정하고 싶지 않았어. 하지만 지금은 알아. 엄마는 여자로서 참 행복했다는 걸. 시골은 밤에 할 일이 없으니까 같이 자다 보면 자신도 모르게 그럴 마음이 들지 않았을까? 그것이 사랑과 직결되는지는 잘 모르겠지만, 부부의 육체적인 궁합이 좋았던 것만은 분명해. 엄마는 여자로서 누구보다 행복하게 살았을 거야. 이미 여든 살이 넘었지만 엄마와 아빠는 지금도 손을 잡고 자는 것 같아. 엄마가 부러워 죽겠어. 난 남편과 벌써 몇 년이나 안 했거든······."

마지막 말을 듣고 나도 모르게 웃음을 터뜨렸지만, 그녀의 이야기를 듣고 보니 부부들 중에는 아무리 나이를 먹어도 남녀관계를 유지하는 사람들이 있다. 예쁘게 치장한다고 해서 남녀관계가 계속되는 것은 아니다. 남성의 성적 에너지와도 관계가 있고, 육체적인 궁합도 중요하리라. 하지만 어느 한쪽이 하고 싶지 않은

데 억지로 해야 하는 상태라면, 언제 섹스리스가 되어도 이상할
게 없다.

지금의 생활을 잃어버리고 싶지 않지만……

아빠와 엄마, 남편과 아내 등 자신의 역할에만 충실한 부부와
남녀관계가 계속되는 부부는 무엇이 어떻게 다를까?

"난 참 행복하다고 생각해요."

미치코 씨(45세)는 그렇게 담담하게 말했다. 회사를 경영하는
남편에, 방이 일곱 개나 되는 최고급 단독주택. 그녀도 남편의 오
른팔로서 남편과 같이 일하고 있다. 두 딸은 영국과 미국에 각각
유학 중으로, 둘째딸은 중학교를 졸업하자마자 미국으로 건너갔
다. 둘 다 현지에 완전히 적응해서, 일본에는 거의 오지 않는다고
한다.

"애들이 너무 빨리 자립했어요. 남편은 지금 밖에서 여자를 만
나고 있죠. 하지만 나는 그걸 탓하지 않아요. 내가 경제적으로 이
렇게 편히 살 수 있는 건 다 남편 덕분이니까요. 물론 나도 일을
하고 있지만, 남편이 없으면 지금처럼 살 수는 없어요. 그렇게 생
각하면 내 인생은 제법 행복한 게 아닐까요?"

하지만 말과 달리 그녀의 표정은 매우 어두워 보였다. 처음 본 순간부터 긴장이 끊이지 않았다. 웃는 것처럼 보인 것은 입꼬리가 조금 올라간 탓으로, 활짝 웃는 얼굴은 아니었다.

그녀는 자기 집의 사진을 보여주었다. 나는 원래 평범한 집안 출신으로 대저택과는 인연이 없지만, 그렇게 넓고 좋은 초호화 주택은 사진으로도 본 적이 없다. 남편이 집에 다른 사람이 오는 것을 싫어하기 때문에 가정부는 두지 않는다.

"이렇게 큰 집을 깨끗하게 유지하기는 정말 힘들어요. 평소에는 가정부를 두지 않고, 계절마다 한 번씩 전문 업체에 부탁해서 대청소를 하고 있어요. 그렇게 하지 않으면 유지할 수 없으니까요. 그리고 남편이 아무리 늦게 와도 먹을 수 있도록 야식을 준비해놓고 기다려요. 그게 아내의 의무라고 생각하니까요."

경제적으로 풍요로운 생활. 아이들은 모두 유학을 가고, 남편은 바람을 피우지만 자신은 아내의 의무를 다하고 있다. 생일에는 남편의 신용카드를 이용해서 에르메스나 샤넬 등 좋아하는 물건을 살 수 있다. 그러니까 나는 행복하다…….

그녀는 자기 자신을 설득하듯 장황하게 말을 늘어놓았다. 하지만 역시 얼굴은 행복해 보이지 않았다. 그리고 다음 날, 그녀에게서 메일이 왔다. 실은 그녀도 예전에 좋아했던 동창생과 석 달 정도 사귄 적이 있다는 것이다. 다만 취재하는 자리에서는 그 말을 할 수 없었다고 한다.

이유를 물어보자 "너무 비참해질 것 같아서요"라는 대답이 돌아왔다. 샐러리맨인 동창생과 만남이 거듭될수록 자신의 환경이 얼마나 좋은지 알게 되었다. 하지만 그와 동시에 자신이 얼마나 남편에게 사랑받지 못하는지도 절실히 깨달았다고 한다.

그녀가 현재 어떻게 살고 있는지 정확히 알 수는 없었다. 그녀는 남편의 인품에 관해서 자세히 말해주지 않았다. 꼬치꼬치 캐물어도 마치 온몸으로 거부하듯 말해주지 않은 것이다. 그래도 대외적으로는 사이좋은 부부로 통하고 있다고 그녀는 목소리를 높였다.

이런 이야기는 흔히 들을 수 있다. "세상의 기준으로 보면 나는 굉장히 행복한 사람이다"라고 자기 자신을 세뇌시키는 여성이 제법 많은 것이다. 그녀들에게는 한 가지 공통점이 있었다. 표정이 밝지 않은 것이다. 얼굴은 웃어도 눈은 결코 웃지 않는다.

그녀는 석 달쯤 사귄 동창생과 딱 한 번 잤다고 한다. 10년 정도 섹스리스 상태였기 때문에 할 수 있을지 없을지 불안했지만, 결과적으론 그가 할 수 없었다.

"천벌이라고 생각해요. 경제적으로 풍족하게 살고 있으니까 더 이상 원해서는 안 되겠죠. 그다음에도 그에게 계속 전화가 왔지만 이제 만나지 않겠다고 차갑게 끊었어요."

사실은 그를 또 만나고 싶었다. 섹스도 하고 싶었다고 그녀는 혼잣말처럼 중얼거렸다. 하지만 만약 진심으로 그에게 빠지면 지금의 생활을 잃어버릴 수 있다. 그것만은 어떻게든 피해야 한다.

"나 같은 사람은 연애 감정에 섣불리 몸을 맡기면 안 돼요. 차라리 만나지 말았어야 했어요."

허무하게 끝나버린 석 달의 사랑, 그녀는 그 마음을 껴안고 앞으로 남은 인생을 살아가야 하리라.

"

가족에 대한 환상

혼외연애에 관해서 들으면 들을수록 내 머릿속에는 한 가지 생각이 떠올랐다.

결혼이란 무엇일까?

"결혼은 생활이에요. 돈만 있으면 그것으로 충분해요."

이렇게 딱 잘라 말하는 여성도 있었다. 남편이 바람을 피울 때마다 비싼 옷이나 가방을 산다. 그녀는 그것이면 충분하다고 생각하고, 자신이 좋아하는 일을 하며 울분을 발산하고 있었다.

"사랑 같은 건 아무래도 상관없어. 나도 마음대로 놀면 되니까."

이렇게 마음먹을 수 있으면 의외로 즐겁게 살 수 있을지도 모른다. 하지만 대부분의 여성은 미치코 씨처럼 그렇게 딱 잘라서 생각할 수 없다. 오히려 나이를 먹을수록 결혼 자체에 회의를 느끼는 일이 적지 않다.

"남편에게는 아무 기대도 하지 않아요."

이렇게 단언하는 여성도 있다. 하지만 그래도 될까? 남자와 여자로서가 아니라 가족으로서…….

애초에 가족이란 무엇일까 하는 의문도 솟구친다. 서로 사랑하는 남녀가 한 지붕 밑에서 살고, 사랑의 결정체로서 자식이 태어난다. 그리고 자식을 키우면서 부모로서, 남녀로서 깊은 관계를 맺는 것이 가장 이상적인 가족일지도 모른다.

즉, 가족이란 자식을 포함해서 사랑으로 맺어진 인간관계라고 할 수 있다.

그런데 그것은 어디까지나 이상에 불과하다. 그리고 이상은 실현되지 않기 때문에 이상인 것이다. 일본은 친족살인이 유달리 많은 나라로, 친족살인이 살인사건의 절반 가까이를 차지한다. 2006년을 예로 들면 살인사건은 1,155건으로, 그중 피해자가 부모, 자식, 배우자인 경우가 476명이나 된다.

이 숫자를 보고는 놀라움에 혀를 내둘렀다. 노인들만 사는 가구나 중년 니트족(일하지 않고 일할 의지도 없는 무직자들-옮긴이)의 증가 등 원인은 여러 가지가 있을 것이다. 하지만 근본적으로 파고 들어가면 가족 간의 관계가 너무나 깊은 결과, 또는 의존관계가 뒤틀어진 결과이리라. 집안의 문제는 집안에서 해결해야 한다, 집안의 수치는 밖으로 드러낼 수 없다는 폐쇄적인 가치관도 한몫할 것이다.

가족에 대한 환상에 얽매인 상태에서는 이상을 실현할 수 없다. 그 딜레마에 빠져서 살인을 저질렀다고 하면 서글픈 일이 아닐 수 없다. 지금 일본은 가족관계도 부부관계도 어딘지 모르게 이상하다. 가족들끼리 더 많이 소통할 수는 없는 것일까?

남편과는 섹스하고 싶지 않다는 여성들이 늘고 있다

섹스리스라는 말이 세상에 처음 등장한 것은 1991년으로, 정신과의사인 아베 데루오阿部輝夫 씨가 일본성과학회에서 섹스리스 부부에 관해 발표한 것이 계기였다. 그 이듬해에 매스컴에 의해 널리 알려지고, 실태를 조사하면 더 많지 않을까 하며 화제가 되었다.

섹스리스란 특별한 사정이 없음에도 남녀관계를 한 달 넘게 하지 않는 부부를 말한다.

용어가 만들어진 지 20년이 지난 지금, 섹스리스란 말은 바야흐로 일반 명사로 정착했다. 자기만 그렇지 않다는 안심감 때문인지 "우리도 섹스리스야"라고 태연히 말하는 여성도 늘고 있다.

예전에는 남편이 가까이 오지 않아서 고민하는 아내가 많았지만 최근 5~6년 사이에 남편과 하고 싶지 않다고 말하는 아내가 늘었다. 그렇다고 부부 사이가 차갑게 식은 것은 아니다. 남편은 동지나 친구 같은 사람으로, 남자로 느껴지지 않는다는 것이다. 이것은 10년 전에 남자들이 했던 말이 아닌가.

"아내를 싫어하지는 않지만, 아내는 가정을 잘 꾸려나가기 위한 동지 같은 존재예요. 그래서 성적 요구가 솟구치지 않습니다."

이렇게 말이다. 그런데 지금 역전현상이 일어나고 있다. 남자들이 했던 말을 여자들도 똑같이 하고 있는 것이다.

성에 관한 설문 조사나 책을 보면 정말로 실태를 반영했을까 하는 의문을 가지는 일이 많다. 최근에는 젊은 사람들도 섹스리스가 많다고 한다. 그뿐만이 아니라 연애조차 하고 싶어 하지 않는 남녀가 늘고 있다.

성혐오증이 증가한 탓이라고 신문에서 본 적이 있다. 성에 대한 혐오감, 섹스에 대한 증오에서 섹스리스 커플이 늘고 있다는 것이다.

성을 기피하는 젊은이들이 늘고 있는 것은 사실이다. "이렇게 자유로운 시대에 도대체 왜?"라고 고개를 갸웃거리는 사람도 있겠지만, 섹스가 자유로워질수록 그 풍조를 극복하지 못하는 사람이 생기는 법이다. 흔히 '초식계(초식동물처럼 온순하고 부드러운 사람-옮긴이)'라고 불리는 사람들이 늘고, "생생한 일은 하고 싶지 않아서 섹스에서 멀어지고 있다"는 사람들도 있다고 한다.

그런데 그 기사에서는 초식계 사람들조차 일종의 성혐오증으로 취급하고 있었다. 성을 공포로 여길 만큼 엄청난 트라우마를 가진 사람이 그렇게 많단 말인가? 성혐오증이라는 딱지를 붙인 순간 그 안에 들어가고 싶어 하는 사람이 늘어나는 바람에, 일본인은 점점 더 섹스를 하지 않는 민족이 되는 것이 아닐까.

가령 40대 기혼 여성 중에 "섹스 따위 하고 싶지 않다"라고 하는 사람이 있다고 하자.

"섹스는 원래 좋아하지 않았고, 남편과는 이미 10년 넘게 하지 않았어요."

이 말을 들으면 마치 그녀가 섹스를 싫어하는 것 같지만, 이런 사람일수록 얼마 후에 만나면 혼외연애를 하고 있기도 한다.

"그와 섹스를 하고, 섹스가 즐겁다는 것을 태어나서 처음 알았어요."

이런 말도 자주 듣는다. 즉, 그녀는 섹스를 싫어했던 것이 아니라 결혼하기 전의 애인과도, 결혼한 후의 남편과도 즐거운 섹스를 하지 못했던 것이다. 따라서 속궁합이 좋고 마음을 열 수 있는 상대를 만나면 "섹스가 이렇게 멋진 것이었다니!"라고 섹스에 대한 생각이 180도 바뀌게 된다.

물론 마음 깊은 곳에서 섹스를 혐오하는 사람도 있다. 도저히 치유할 수 없는 트라우마를 껴안고 있는 사람도 있다. 다만 섹스를 싫어한다고 스스로를 세뇌함으로써 섹스에서 멀어지는 사람이 많은 것도 사실이다. 그것은 무엇 때문일까? 이유는 단 하나, 섹스를 하지 않는 자신이 비참하기 때문이다.

여성은 자기 자신을 비참하게 여기고 싶어 하지 않는다. 자존심이 허락하지 않는 것이다. 그래서 섹스는 자신과 인연이 없다고 단정 짓는다. 파트너에 의해 섹스로부터 버림받은 것이 아니라 자신이 섹스를 버린 것이라고 말이다.

사실은 성의 세계에 깊숙이 들어가고 싶은데, 그러지 못하는 현실. 혼외연애 같은 발칙한 일을 저지를 바에야 차라리 섹스를 싫어한다고 표명하는 편이 낫다…….

이런 심리는 충분히 이해할 수 있지만, 반면에 여자라는 성에 대해 서글픔을 느낄 수밖에 없다. 아내가 상대해주지 않아서 섹스를 싫어하게 되었다는 남성은 별로 만나본 적이 없다. 그럴 경우에는 유흥업소로 달려가면 되기 때문이다.

그런데 여성들의 마음 어딘가에는 섹스는 남성이 원해야만 하는 것이라는 생각이 남아 있다. 여성이 먼저 섹스를 요구하는 것은 천박한 일이다, 남성이 원할 때에만 응하는 것이 조신한 여자이다……. 이런 가치관에서 빠져나오지 못하면 계속 자기 자신을 비참하게 여겨야 한다.

그래서 나는 '육식계(육식동물처럼 연애에서 적극성을 강하게 띠는 사람-옮긴이) 여성'이라는 말이 세상에 나왔을 때, 무릎을 치며 감탄했다. 여성이 스스로 남성을 선택하다니! 남성을 유혹할 때에는 여러 가지 테크닉이 필요하지만 여성이 사랑의 사냥꾼이 되는 것은 결코 나쁜 일이 아니다.

사랑에는 각오가 필요하다

"남편과는 섹스하고 싶지 않아요."

"나는 원래 섹스를 좋아하지 않아요."

이렇게 말하는 여성들과 이야기를 나눈 적이 있다. 그녀들의 이야기를 차분히 들어보면, 그렇다고 해서 사랑하는 마음까지 잃어버린 것은 아니다.

40대 초반인 유미 씨는 대학을 졸업하자마자 1년간 사귀던 세 살 연상의 선배와 결혼했다.

"지금 돌이켜보면 1년만 사귀고 결혼한 것은 너무 일렀다고 생각해요. 직장 생활을 한 번도 하지 않고 그대로 아이를 가지고,

신혼을 즐길 틈도 없이 엄마와 아빠가 되었지요. 지금 아이가 셋인데, 가족과 같이 있으면 참 즐겁고 행복해요. 하지만 부부로서는 완전히 매너리즘에 빠져 있어요. 막내가 태어난 후로는 섹스는커녕, 지금은 남편이 옆을 지나가기만 해도 소름이 끼쳐요. 왠지 생리적으로 싫다고나 할까요?"

'왠지 싫다' '생리적으로 싫다'는 것은 여성들이 흔히 사용하는 말이다. 논리적으로는 설명할 수 없지만 어쨌든 끔찍하게 싫다는 의사 표현이다. 생리적으로 싫다고 하면 남성도 어쩔 도리가 없으리라.

열아홉 살과 열일곱 살의 두 아들과 남편과의 사이는 나쁘지 않지만, 올해 열네 살 된 딸이 최근 들어 아빠를 노골적으로 싫어한다고 한다.

"내가 남편을 생리적으로 싫어하는 것을 딸이 눈치챘어요. 그래서인지 딸도 남편을 싫어하더군요. 어느 날 딸이 '아빠는 소름 끼쳐'라고 말하자 남편이 화를 냈어요. 사춘기 소녀는 원래 아빠를 싫어하는 법이라고 내가 옆에서 남편을 다독였지만요."

이 정도라면 부부관계가 차갑게 식은 것은 아닌 모양이다.

"말하는 건 괜찮지만 남편과 살을 맞대기는 싫어요. 뒤쪽을 지나가기만 해도 온몸이 딱딱하게 굳어져요. 나는 원래 남편밖에 모르고, 섹스를 좋아하지 않는다고 생각했어요. 아이를 낳으면 섹스가 좋아진다고 하는데 그런 느낌도 없었고요."

그런데 얼마 전에 고등학교 동창회에 갔을 때 흠칫한 사건이 있었다고 한다.

"당시에 좋아했던 남자와 헤어질 때 악수를 했어요. 다음 순간 온몸에 찌릿하고 전기가 통하더군요. 갑자기 '아아, 이 사람 품에 안길 수 있다면 얼마나 좋을까?' 하는 생각이 들더라고요. 그와 동시에 아직 여자로서 살아갈 수 있다는 것을 깨달았지요."

이 얼마나 대담한 말인가. 그런 마음이 상대에게도 전해졌는지 그다음 날부터 문자메시지가 오고, 지금도 이따금 주고받는다고 한다.

"조만간 둘이서만 만날 것 같아요. 그러면 어떻게 될지 모르겠어요."

그녀는 꿈을 꾸는 듯한 눈길로 먼 곳을 바라보면서 그렇게 말했다. 위험하다. 이런 사람은 한번 속박에서 벗어나면 끝없이 내달릴 우려가 있다. 사랑에 빠지고 싶다는 분위기를 자아내고 있는 만큼, 남자가 파고 들어갈 가능성도 적지 않다.

하지만 당사자인 그녀는 그렇게 심각하게 여기지 않았다. 그와 관계를 가진다고 해도 자신은 결코 휘둘리지 않을 것이라고 근거 없는 자신감을 가지고 있었다.

"어떤 상황이 닥쳐도 가정을 등지지는 않을 거예요. 가정은 소중하니까요. 다만 아직까지 연애다운 연애를 못 해봤거든요. 이 나이에도 가슴 뛰는 일이 있어도 좋지 않을까 해요."

사랑에 빠질 때 이유는 필요 없다. 아무리 온몸과 온 마음으로 거부해도, 사랑에 빠지는 것이 사람이다.

그래도 한 가지 조언을 하자면 사랑에 빠지기 전에 미리 각오할 필요가 있다. 이 사랑에 뛰어들어도 좋은지, 이 관계를 계속 유지해도 좋은지, 또는 최악의 경우에 스스로 책임질 수 있는지……. 막연하게나마 그런 각오를 해둘 필요가 있으리라.

사랑에 빠지면 그 사랑에 배신당하는 일이 종종 있다. 사랑의 달콤함만 얻을 생각으로 혼외연애에 발을 들이밀면 참담한 지경에 빠질 수도 있다. 반면에 '어떻게든 이 사람과 같이 있는 시간을 만들고 싶다'라고 생각하면 의외로 들키지 않는 법이다. 그만큼 머리를 써서 좋은 아이디어를 짜내기 때문이다.

각오나 결의가 없는 사랑만큼 위험한 사랑은 없다.

❝

누가 혼외연애를 하고 있는가

"요즘 다들 혼외연애, 혼외연애라고 노래를 부르는데 도대체 누가 하는 건가요? 내 주위에는 그런 사람이 하나도 없는데요."

가끔 이렇게 말하는 사람이 있다.

분명히 자기 주위에서는 보이지 않을지도 모른다. 혼외연애를 하고 있다고 자기 입으로 떠들고 다니는 사람은 없으니까. 그런데 실제로 존재한다. 그것도 아주 많이……

내 홈페이지에는 '편지'라는 코너가 있는데, 이곳을 경유해서 매일 이런저런 메일이 들어온다. 대부분 여성들이 보내오는데, 자신의 혼외연애에 대한 기쁨과 고민, 설렘과 불만을 적는다. 또한 내가 혼외연애에 대해 15년이나 취재하고 있다는 사실을 알고 있는 사람들이 아무도 모르게 이야기를 털어놓는 경우도 많다.

오래전부터 알고 지내던 지인이 어느 날 갑자기 "실은 나도 말이야……"라고 말해주는 일도 있다. '이렇게 성실한 사람이'라든지 '이렇게 고지식한 사람이'라든지 '남편과 그렇게 잘 지내면서'라고 생각하는 일도 드물지 않다. 그럴 때마다 드는 생각은 사람은 정말 여러 가지 얼굴을 가지고 있다는 것이다. 결국 누구나 기회만 있으면 혼외연애를 할 가능성이 있다는 뜻이리라.

"나는 절대 혼외연애를 하지 않겠다!"

이렇게 호언장담한 사람도 한번 사랑에 빠지면 그런 말은 깨끗이 잊어버린다. 절대 하지 않는 이유가 남편을 사랑하기 때문이 아니라 결혼했기 때문이니까. 도덕적으로 자신을 옭아맸을 뿐이라서, 실제로 좋아하는 사람이 눈앞에 나타나면 어이없이 사랑에 빠지게 된다. 잠시 갈등한다고 해도 인간은 자신의 감정에 거역할 수 없다. 아무리 고민에 고민을 거듭해도, 상대의 마음도 자신과 똑같다는 사실을 알게 되면 무조건 뛰어들게 된다. 더구나 자식이 이미 컸다면 멈출 이유가 없다.

지금까지 취재한 결과, 혼외연애에 빠지는 여성이 가장 많은 연령층은 40대 초반이다. 여기에는 여러 가지 가설을 세울 수 있다. 일단 40대에 접어들면 아이에게서 어느 정도 손을 떼도 된다. 최근 들어 결혼이 늦어지면서 출산 연령도 높아졌지만, 평균 30세에 첫 아이를 낳는다고 하면 43세에는 아이가 중학생이 된다. 초등학생 때보다는 손이 많이 가지 않는다.

여성이 사랑에 빠질 때, 가장 큰 브레이크는 바로 아이다. 아이가 중학교에 들어가서 학원에 가거나 동아리 활동 등으로 늦게 오면, 점심 시간대를 이용해 밀회를 즐길 수도 있다.

또한 아이에게 손이 많이 가지 않게 되면서 파트타임으로 일하는 여성도 많아진다. 밖에 나가면 필연적으로 남성과의 만남이 잦아지고 연애할 기회도 늘어난다.

더구나 40대에 접어들면 여성 호르몬의 분비량이 격감하면서 서서히 늙음을 의식하게 된다. 실제의 갱년기는 45세에서 55세까지 10년간으로 이사이에 몸과 마음이 무너지는 사람이 많다. 폐경의 평균 연령은 51세라고 한다. 40대 초반은 갱년기 초기로,

사람에 따라서는 갱년기의 전조증상이 나오는 일도 있다. 그것은 여성에게 늙었다는 선고나 마찬가지이다. 그래서 자기도 모르게 조바심이 나서 스스로에게 이렇게 묻곤 한다.

"여자로서의 삶이 이대로 끝나도 좋을까?"

그렇게 전전긍긍할 때 좋아하는 타입의 남성이 나타나면 어떻게 될까?

대답은 말하지 않아도 알 수 있으리라.

여성의 호르몬 분비량은 40대 초반에 급격히 떨어지지만, 뇌에서는 계속 여성 호르몬을 내보내라고 명령한다. 머리와 육체의 불균형 상태가 계속되는 것이다. 여성 호르몬이 줄어들면 상대적으로 남성 호르몬이 우위에 서고, 여성의 성향은 공격적으로 바뀐다. 따라서 남성을 사냥하게 된다는 이야기에 고개를 끄덕이게 되는 것이다.

호르몬 때문만이 아니라 여성이 40대에 접어들면, 좋게 말하면 대범해지고 나쁘게 말하면 뻔뻔스러워지는 경향이 있다. 나도 나 자신의 뻔뻔스러움에 종종 어이없을 때가 있다. 지금까지의 인생 경험을 통해서, 지금은 다소 뻔뻔스러워도 괜찮다고 여겨서 그렇게 행동할 때도 있지만…….

여성의 분기점은 50대 전후

그런 여러 요소가 한데 어우러진 결과, 혼외연애에 빠진 여성 중에는 40대 초반이 가장 많다. 그리고 그다음에 많은 것이 50대 전후이다. 마침 폐경이 되는 시기로, 인생에서 가장 중요한 때이자 여자로서의 분기점이기 때문일지도 모른다.

"폐경이 되고 나니 성욕이 없어졌어. 게다가 멋을 부리고 싶다든지 화장을 하고 싶다든지, 그런 마음도 완전히 없어지더라. 편하기도 하지만 이래도 좋을까 싶기도 해."

내 친구인 요코 씨(52세)는 그렇게 말했다. 원래 머리칼이 갈색이라서 흰머리는 거의 나지 않는다. 피부도 탱탱하고 윤기가 있다. 누구보다 여성스러운 그녀가 그런 말을 하다니, 너무나 깜짝 놀랐다.

그녀는 기운이 없는 것은 아니지만 자기도 모르는 사이에 여자로서의 욕심에서 해방되었다고 하면서 쓴웃음을 지었다.

"예전 같으면 남편이 출장이라도 가면 예쁘게 차려입고 친구들과 한잔하러 가곤 했지. 술집에서 만난 남자와 무슨 일이 일어나길 바라면서. 실제로는 아무 일도 일어나지 않지만 생각만 해도 가슴이 뛰잖아. 하지만 지금은 그럴 마음이 털끝만큼도 없어. 남편이 출장을 가도 편안한 옷을 입고 동네 친구와 집 근처에 있는 술집에 갈 뿐이지. 나 이래도 되는 걸까?"

그녀는 진지한 얼굴로 나를 바라보았다. 화장기가 없어도 섹시해 보이지만, 분명히 예전만큼 치장하지는 않는다. 성욕에서 해방되면 이성의 눈을 신경 쓰지 않게 되는 것일까? 반대로 말하면 우리는 지금까지 이성의 눈을 신경 쓰느라 옷을 차려입거나 화장을 한 것일까?

그녀를 만나고 이야기를 나누는 동안 그런 생각이 머릿속에서 떠나지 않았다. 나는 원래 남자에게 인기 있는 타입이 아니고, 내가 좋아하는 옷과 내가 좋아하는 헤어스타일을 고수해왔다. 하지만 계속 파고 들어가면, 그런 식으로 나를 연출하는 것에 의해 '이런 나를 좋아해줄 남자가 어디 없을까?' 하고 생각했던 것은 부정할 수 없다. 솔직히 말하면 지금도 마음 어딘가에선 몸과 마음이 푹 빠질 수 있는 사랑을 하길 바라고 있다. 아직 성욕에서 해방되었다는 생각은 들지 않는다. 이혼한 이후 계속 혼자 사는 탓도 있겠지만…….

어쨌든 여자라는 성을 가지고 태어난 것은 모두 똑같은데, 성욕이나 연애, 결혼에 대한 사고방식의 차이는 어디에서 오는 것일까? 단지 태어날 때부터 가지고 있는 개인 차이일 뿐일까? 아니면 가정교육이나 학교, 친구 등 주변 환경 때문일까? 또는 그것을 모두 포함한 후천적인 요소 때문일까? 어쨌든 신기하기 짝이 없다.

나를 비롯한 50대는 기존의 가치관과 새로운 가치관의 사이에서 살아왔다. 그리고 나 자신은 젊었을 때부터 비교적 자유롭고 개방적으로 성을 선택해왔다. 그런 만큼 성으로부터, 즉 남자로부터 버림받고 싶지 않은 마음이 강할지도 모른다. 모든 남자들이 항상 연애 대상, 성적 대상으로 봐주었으면 하는 욕구가 상당히 강하다는 것도 솔직하게 인정한다.

"포기하면 편해."

한편 일찍부터 성에 등을 돌린 친구도 있다. 가정환경이나 주변 상황 등이 나와 별로 다르지 않은데, 그녀는 완전히 기존의 가치관으로 살고 있다.

"결혼한 이상, 다른 남자에게 눈을 돌려서는 안 돼."

"섹스리스로 살고 있지만, 여자에게는 성욕이 없으니까 난 괴롭지 않아."

그녀는 계속 그렇게 말하면서 결국 30대에 여자임을 포기했다고 선언했다. 그렇게 되기까지 얼마나 힘들었을까? 그래서 차라리 "아무도 나를 여자로 보지 마!"라고 말한 것이다. 그러더니 언젠가부터 치마를 그만두고 화장을 그만두고, 파마를 그만두었다.

남녀의 성별을 초월한 곳에서 살아가기로 결심한 것이다.

나는 그런 선언 자체를 이해할 수 없었고 받아들일 수도 없었다. 왜 일부러 그런 말을 했을까? 여자임을 포기했다고 해서 "그런 당신을 여자로서 좋아합니다"라고 말하는 남성이 나오지 않는다고 할 수 없다.

얼마쯤 지나고 나서 나는 그녀에게 진의를 물어보았다.

"여러 가지에서 해방되고 싶어서 그렇게 말했어. 주변 사람들이 이러쿵저러쿵 말하는 게 아니라 나 자신이 여자라는 성을 가지고 있는 것 자체에 너무 지쳤다고 할까?"

"사실은 섹스도 하고 싶고, 가능하면 바람도 피워보고 싶었던 거 아니야?"

나는 오랜 친구의 자격으로 그녀의 속마음까지 파고들었다.

"글쎄⋯⋯."

여느 때와 달리 그녀는 진지한 표정을 짓더니, 그대로 얼굴이 굳어졌다.

"그럴지도 몰라. 나는 섹스를 별로 좋아하지 않는다고 생각했지만, 마음 깊은 곳에서는 그런 내 생각을 깨뜨려줄 누군가를 기다리고 있었던 게 아닐까? 어쩌면 이제 어차피 나타나지 않는다고 생각해서 포기했을지도 몰라. 지금에 와서는 잘 모르겠지만."

그녀는 잠시 말을 끊고 나서 혼잣말처럼 중얼거렸다.

"그냥 포기하면 마음이 편해."

사람은 언제까지나 젊지 않다. 나이를 먹는다는 것은 여러 가지를 포기하는 것이라고 나도, 그리고 많은 여성들도 머리로는 알고 있다. 지금까지 많은 것을 포기한 적도 있을 것이다. 그래도 사랑하는 것, 남자를 원하는 것, 남자의 유혹을 받는 것, 기분 좋게 섹스하는 것 등을 완전히 포기할 수 없는 여자들이 있다. 나도 그중 한 사람이다.

그것은 우리가 사랑을 귀하게 여기는 분위기 속에서 자랐기 때문이리라.

"사랑하는 것은 참 좋은 일이야. 결혼하기 전에 동거를 하는 편이 좋을지도 몰라."

내가 20대 초반일 때, 사람들은 흔히 이렇게 말했다. 그 이전과는 다른 가치관이 태어난 것이다. 그 탓인지 그 덕분인지 모르지만, 우리는 힘차게 연애나 결혼으로 걸음을 내디뎠다.

그래서 이 나이가 되어도 스스럼없이 연애는 좋은 것이라고 말할 수 있는 것이다. 물론 연애는 농밀한 인간관계인 만큼 괴로운 일도 적지 않다. 누군가를 좋아해서 그 사람과 같이 있고 싶다는 욕구라든지 상대의 과거를 탐색한다든지, 또는 함께 지내지 못하는 안타까운 시간을 생각하면 꼭 좋은 일만 있는 것은 아니다.

사랑에는 기쁨보다 오히려 괴로움이 많을지도 모른다. 그래도 어쩔 수 없다. 누군가를 사랑하면 오직 돌진하는 수밖에 없으니까. 물러날 수 있다면 이미 물러났으리라. 사랑은 충동이기 때문에 스스로는 멈출 수 없다. 그리고 그래도 좋으니까 열심히 사랑하라고 하는 것이 우리 세대가 아닐까.

사랑을 통해 자기 자신을 바라본다

하지만 그런 우리 세대조차 성에 관해서는 여전히 보수적인 면이 있다. 이것은 요즘 여성들도 큰 차이가 없을지 모른다.

우리 부모 세대에 비해 현대 여성들은 상당히 자유로워졌다. 그래도 자신의 성욕에 관해서 당당하게 말할 수 있는 여성이 얼마나 될까? 하고 싶은 말은 많아도 '이런 말을 해도 될까'라고 망설이는 사람이 많지 않을까?

지금도 나이 많은 남성들 중에는 "여성에게는 성욕이 없다"라고 말하는 사람이 많다. 아니, 여성들조차 "상대가 있으면 성욕이 솟구치지만 상대가 없으면 성욕이 없는 게 당연하다"라고 말하는 사람이 적지 않다.

그런데 성욕이 식욕이나 수면욕과 똑같은 욕구라면 저절로 솟구치는 게 당연하지 않을까? 다른 욕구와 달리 성욕은 충족되지 않는다고 해서 몸에 문제가 생기는 것은 아니다. 따라서 그럭저럭 지낼 수 있기 때문에 성욕을 덮어버린 채 못 본 척하는 것이 아닐까? 그러는 사이에 욕구에 눈을 돌리고 마치 원래 없었던 것처럼 인식하는 것이다.

감정도 마찬가지이다. 희로애락을 표현하지 않고 항상 억제하다 보면 자신의 감정이 무엇인지 모르게 된다고 심리학자에게 들은 적이 있다. 즉, 슬플 때는 울고 기쁠 때는 웃는 것이 중요하다고 할 수 있다.

사람이 나이를 먹으면 어딘가에 중요한 것을 놔두고 잊어버린다. 그런데 사랑을 하면 덮어두었던 뚜껑이 열리면서 욕구가 단숨에 분출되곤 한다. 그것이 기분 좋게 여겨지는 일도 있고, 사랑이 자신의 솔직한 마음이나 감정을 가르쳐주는 일도 있다. 추악한 질투에 사로잡혀 자신이 이런 사람이었나 한심하게 여겨지는 일도 있고, 의외로 관용적인 면이 있다는 사실을 깨닫는 일도 있다. 사랑만큼 자기 자신이 적나라하게 드러나는 것은 거의 없다.

혼외연애일지라도 연애 감정이 있는 이상 질투나 지배욕을 느끼기도 하고 자제심이 얼마나 중요한지 배우기도 한다. 나아가서는 상대의 가치관도 알게 되고, 자신과의 차이도 알게 된다.

다르기 때문에 즐겁고, 다르기 때문에 가슴이 설렌다. 이렇게 생각하는 것이 중년의 사랑일지도 모른다. 젊을 때는 상대와 가치관이 일치하지 않으면 불안해서 견디지 못한다. 하지만 젊을 때의 가치관은 그렇게 대단하지 않다. 스스로에게 자신이 없기 때문에 기존의 가치관에 얽매이는 것이니까.

그런데 중년에 접어들면 수많은 경험을 통해 어느 정도 가치관이 굳어진다. 그곳에 상대의 가치관이 파고들면 모처럼 생긴 자신의 가치관이 무너지거나 재구축되기도 한다. 나는 나 자신의 가치관이 대단하지 않다고 생각한다. 오히려 내 사소한 가치관에 얽매이지 않는 편이 좋다는 것을 알고 있다.

이 세상에 연애만큼 밀접한 인간관계는 없다. 즉, 연애는 상대와의 대화 속에서 자신을 새롭게 바라볼 수 있는 절호의 기회인 것이다. 그로 인해 자신도 모르는 사이에 가치관이 바뀌는 사람은 일일이 셀 수 없을 정도이다.

"
혼외연애에 쉽게 빠지는 사람

혼외연애에 쉽게 빠지는 사람과 그렇지 않은 사람이 있을까?

경험에 따르면 누구나 혼외연애에 빠질 가능성이 있지만, 그래도 어느 정도 경향은 있을 수 있다. 일단 가장 쉽게 빠지는 사람은 연애를 밝게 생각하거나 마음이 열려 있는 사람이다. 사랑에

편견이 없고 자신의 마음에 솔직하며 상대의 감정에 쉽게 다가가는 사람도 혼외연애에 쉽게 빠질 수 있다.

그와 정반대인 상대방에게 의존하는 사람도 혼외연애에 빠질 가능성은 적지 않다. 다만 그런 사람은 사랑에, 또는 상대에 의존하기 때문에 실패로 끝나는 경우가 많다. 정신적으로 자립한 사람이 멋지게 사랑하는 것에 비해서 상대에게 의존하는 사람은 혼외연애에서 말썽을 일으키기 쉽다.

혼외연애를 스스로 망가뜨린 적이 있는 마리코 씨(48세)는 사랑의 소용돌이에 빠져 있었을 때 자신을 돌아보고 이렇게 말했다.

"일을 하다 만난 사람과 사귀었는데, 나에게도 가정이 있으면서 그 사람 아내한테 질투가 나서 견딜 수 없더라고요."

그녀는 오랫동안 남편과의 사이에 마음이 통하는 대화가 없었다. 말을 하는 것은 오직 자식 이야기를 할 때뿐이다. 사이가 나쁜 것은 아니지만 할 말이 별로 없었던 것이다.

"내가 무엇을 하든 남편은 아무런 관심이 없어요. 파트타임으로 일하고 싶다고 했을 때도 '집안일에 지장이 없으면 되지 뭐'라고 할 뿐, 집안일을 도와주겠다고 하지 않았지요. 내 취미에도 관심이 없어요. 남편은 원래 취미도 없고 일밖에 모르는 사람이거든요. 열심히 일하는 게 나쁘지 않지만, 부부의 사랑을 느끼진 못하겠더라고요. 외로워서 견딜 수 없었습니다."

외로움을 견디다 못해 사랑에 빠졌다. 상대는 그녀보다 두 살이 많았지만, 그의 이야기 구석구석에서 가정 생활이 원만하다는 느낌을 받았다.

"그의 아내가 행복하다고 생각하니, 한 번도 본 적이 없는 그의 아내가 왠지 미워졌어요. 그와 동시에 '부부 사이가 그렇게 좋은데, 왜 나를 만나는 거죠?'라고 항상 그에게 따지고 들었지요. 처음에는 '가정과 연애는 달라, 당신도 그렇잖아'라고 말하더니, 점점 짜증을 내더군요. 그러더니 1년도 되기 전에 연락을 끊었어요."

그녀는 그에게 버림을 받으면 살 수 없다는 초조함에 휩싸였다. 그래서 밤에 그의 휴대폰에 계속 전화를 걸었지만 즉시 착신 거부를 당했다. 그러자 낮에 그의 회사에 전화를 걸게 되었다.

"있으면서도 없는 척을 하더군요. 점점 수렁에 빠졌지만 나 자신을 억제할 수 없었어요."

그때 그녀를 도와준 이가 바로 동생이었다. 동생은 남편의 바람에 시달리다 이혼한 경험이 있다. 처음에는 그런 동생에게 차마 자신의 상황을 털어놓을 수 없었다.

그렇게 수렁 속에서 허우적거리던 어느 날, 동생이 먼저 이야기를 꺼냈다.

"언니, 요즘 들어 좀 이상해. 나한테 솔직히 말해봐."

그녀는 눈물을 흘리며 동생에게 하소연했다.

"동생은 내 이야기를 차분하게 듣더니 '언니는 지금 사랑을 하는 게 아니야, 따분한 생활에서 오는 울분과 형부에 대한 불만을 상대에게 터뜨리는 것뿐이지'라고 단도직입으로 말하더군요. 그때는 동생이 남편의 바람으로 이혼해서 내 편을 들어주지 않는다고 화를 냈지만, 곰곰이 생각해보니 동생 말이 맞았어요. 그래서 그에게서 벗어나기로 결심했지요."

쫓아가면 도망치고 도망치면 쫓아가는 것이 사랑의 미묘한 점이다. 더구나 혼외연애는 실제로 누구에게나 위험이 크다. 상대가 자신의 생활을 위협할지도 모른다고 생각하면 도망치고 싶어지는 것이 당연하지 않을까. 원만한 혼외연애는 서로의 생활을 존중하는 것에서 시작되니까 말이다.

지금은 3년 전의 연애를 객관적으로 바라볼 수 있게 되었다.

"내 생활의 불만이나 부정적인 사고를 상대에게 강요하는 것은 좋지 않아요. 지금은 그걸 알고 있어요. 정신적으로 자립한 사람이 아니면 혼외연애를 할 수 없지요. 다만 그때는 그에게 매달리고 싶어서 견딜 수 없었어요. 그래서 그에게서 벗어나기로 결심한 다음에 그의 집에 전화를 걸기도 했지요. 그때 동생이 도와주지 않았으면 무서운 일이 벌어졌을지도 몰라요."

혼외연애에 대해 취재하면서 깨달은 것은 정신적으로 자립하지 않으면 혼외연애를 하기 어렵다는 점이다. 상대에게 의존하는 타입이나 지금의 생활에서 벗어나기 위해 상대에게 매달리는 타입에게는 혼외연애가 맞지 않는다. 표현은 아름다워졌을지 모르지만 세속적으로 보면 불륜이라는 사실에는 변함이 없는 만큼 당당하게 털어놓을 수 없다. 그런 압박감 속에서 숨겨진 사랑을 소중히 지킬 수 있느냐, 아니면 나락으로 추락하느냐는 오직 본인의 정신력에 달려 있다.

가령 문자메시지를 보낸 뒤, 상대가 답신을 보내오지 않는다고 하자. 그런 경우에 '바쁜가 보군' 하고 생각하느냐, '내가 싫어진 게 아닐까?'라고 생각하느냐는 각자 생각하기 나름이다. 그리고 나쁜 방향으로 생각하는 사람은 점점 마이너스적인 악순환에 빠지게 된다.

"그러고 보니 지난번에 만났을 때도 좀 이상했어."

"요즘 들어 계속 나를 피하는 것 같아."

이런 식으로 불안은 불안을 부르고, 조바심은 조바심을 낳는다. 그리고 머릿속에서 공포가 커지면서 이제 이 사랑은 틀렸다고 생각하기에 이른다. 그때 상대가 연락해오면 불쾌하게 대응한다. 상대는 영문을 모르기 때문에 괜히 긁어 부스럼을 만들지 않겠다는 식으로 냉정하게 대한다.

남성은 기본적으로 말썽을 싫어한다. 마음을 터놓고 솔직히 말하자고 하면 제대로 대응하지만, 불쾌한 표정의 여성을 상대하는 것은 공포나 다름없다. 여성은 그런 남성의 마음을 이해하지 못하고 우울의 늪에 빠진다.

"내 얼굴을 보려고 하지도 않아."

이렇게 마음속에 원망의 씨앗을 심으면, 그 원망은 자기 멋대로 가지를 뻗고 잎을 무성하게 매단다. 그런 사실을 알아차렸을 때는 이미 버스가 떠난 후이고, 여성은 패닉 상태에 빠져서 상대의 아내에게 두 사람의 관계를 폭로하기도 한다.

이런 부정적인 악순환으로 돌진하는 여성은 의외로 흔히 볼 수 있다. 상대나 상대의 아내에게 울분을 터뜨리지 않는 경우에는 본인이 우울증에 빠지는 등 정신적인 균형을 취할 수 없게 된다.

그런 경우에 이유는 딱 한 가지이다.

"나는 진심인데, 그는 진심이 아니었어."

좋은 관계를 무너뜨리는 것은 여성의 작은 의심에서 시작하는 경우가 많다. 혼외연애에는 그런 작은 의심을 모르는 척하는 좋은 의미의 둔감함이 필요하다.

피해자 의식이 강하거나 상대를 너무 자세히 관찰하는 섬세함도 때로는 사랑을 깨뜨리는 요인이 되기도 한다. 상대를 자세히 관찰해서 "오늘은 왠지 기운이 없어 보이네요, 어디 아프세요?"라는 배려로 연결하면 좋지만 "오늘은 왠지 기운이 없어 보이네요, 혹시 부인을 속이면서 나를 만났기 때문인가요?"라는 식으로 상대의 마음을 멋대로 짐작하는 것은 좋지 않다. 찜찜하거나 마음에 걸리는 일이 있으면 솔직하게 물어보는 것이 사랑을 오래 유지시키는 비결이다.

사랑에 빠질 가능성은 누구에게나 있다. 하지만 그 사랑을 유지하기 위해서는 강한 정신력이 필요하다.

절대로 혼외연애를 하지 않는 사람

"난 절대로 혼외연애를 하지 않아!"

"왜 불륜을 저지르는지 모르겠어. 그런 사람은 모두 벌을 받아야 돼!"

이런 식으로 강하게 말하는 여성일수록 의외로 혼외연애에 빠지기 쉽다. 그런 가치관이 본인의 마음 깊은 곳에서 나온 것이 아니라 누군가에 의해 깊이 새겨졌기 때문이다.

"내가 예전에 그랬어요. 결혼하기 전에 친한 친구가 유부남을 만나는 것을 보고 그녀를 비난하며 절교했지요. 그런데 결혼한 지 25년 지나서 내가 사랑에 빠졌을 때, 문득 그 친구가 떠오르더군요."

유키코 씨(50세)는 미안한 표정으로 그렇게 말했다. 그녀는 스물셋에 결혼했는데, 2년 전에 또 다른 사랑에 빠졌다. 동갑인 남편은 이미 공기 같은 존재로, 항상 옆에 있지만 아무런 느낌이 없다. 없으면 곤란하지만 있어도 고마움을 느끼지 못하는 존재인 것이다.

"남편은 이제 가족이지 이성이 아니에요. 그렇다고 밖에서 연애하고 싶다고 생각한 적도 없고, 인륜에 벗어난 짓을 해서는 안 된다고 생각했죠. 그런데 2년 전에 중학교 동창회에서 만난 친구와 사랑에 빠졌어요. 안 된다는 것을 알면서도 내 마음을 억제할 수 없더라고요."

그를 향해 달려가는 마음을 도저히 막을 수 없었다고 그녀는 말했다. 아마 그랬으리라. 그것이 사랑이니까. 막을 수 있다면 되돌릴 수도 있으리라. 하지만 되돌릴 수 없다면 막을 수도 없지 않을까? 사랑은 이론이 아니다. 아무리 생각해도 왜 이렇게 되었는지 모르는 것이다.

"한때는 서로에게 미쳐서 앞뒤 생각하지 않고 일주일에 닷새를 만났어요. 많이 말하고, 많이 껴안고, 많이 섹스했지요. 우리 부부는 섹스리스였는데 그 사람도 그랬던 것 같아요. 둘 다 '섹스가 이렇게 좋은 것인지 처음 알았다'고 했지요."

일주일에 닷새를 만나면 아무리 둔한 배우자라도 의심을 하게 된다. 그래서 석 달쯤 지나고 조금 열정이 식었을 때, 두 사람은 마음을 터놓고 이야기했다.

"이 관계를 계속 이어가고 싶다, 그러기 위해서는 너무 자주 만나는 것은 좋지 않다, 주말에는 문자메시지를 보내지 말자 등등 그 사람과 솔직하게 많은 이야기를 나누었어요. 난 외아들이 대학을 졸업했지만, 그쪽은 막내딸이 아직 고등학생이었거든요. 더구나 아빠를 굉장히 좋아한대요. 그래서 가정을 등한시할 수 없는 상황이었어요. 서로 자신의 상황을 솔직하게 말함으로써 오히려 신뢰감이 생겨나더라고요."

그렇게 좋아한다면 이혼하고 같이 살면 되지 않느냐고 하는 사람도 있으리라. 하지만 몇 번이나 말한 것처럼 실제로 혼외연애를 해본 사람은 진심으로 결혼과 연애는 별개라고 생각한다. 결혼을 했으면 배우자나 아이를 책임져야 하고, 소중히 생각해야 한다. 한편 연애는 책임이나 압박에서 벗어나 자기 자신으로 있고 싶은 곳으로, 그들은 결혼과 연애를 철저하게 구분하고 있다. 따라서 계속 연애하고 싶으면 이런 식으로 솔직하게 이야기할 필요가 있다. 그렇게 할 수 있는 커플이라면 연애관계를 오래 지속할 수 있을 것이다.

"지금은 다른 사람을 무턱대고 비난해서는 안 된다고 생각해요. 사람에게는 각각 자신만의 가치관이 있고, 나름대로 사정이 있으니까요. 예전에 그토록 괴로워하는 친구의 마음을 왜 이해해주지 않았는지, 지금은 많이 반성하고 있어요."

그렇게 말하는 그녀의 표정은 매우 아름다웠다. 모든 것을 이해하는 듯한 너그러운 표정이었다. 괴로운 상황에 처하거나 세속적인 비난을 받을 때, 사람은 자기 자신을 돌아보는 법이다. 그리고 그것을 통해 인간적인 폭이 넓어지고 깊이 있는 사람이 되는지도 모른다.

혼외연애는 애초에 좋냐 나쁘냐의 문제가 아니다. 세상의 눈으로 보면 비난의 화살이 쏟아질 일일지 모른다. 말로는 진실한 사랑이라고 하면서, 결국 자신의 욕망을 채우는 일이 아니냐고 비난하는 사람도 있으리라. 하지만 가정과 사랑을 양립시키는 방법도 있지 않은가? 어느 한쪽을 선택하는 사람도 있지만 반드시 어느 한쪽을 선택해야 하는 것은 아니다.

결혼을 하면 딴사람에게 마음을 빼앗겨서는 안 되는 제도 자체가 이상하다고 말하는 사람도 있다. 그렇다. 결혼은 제도이니까 그 제도 안에서 순응하며 사는 사람도 있고, 제도에서 벗어나는 사람도 있으며 제도 안에 있으면서 밖으로 눈을 돌리는 사람도 있다. 세상 사람들의 가치관은 모두 다르기 때문이다.

따라서 생판 모르는 남이 혼외연애하는 사람에게 사회의 정의를 들이대며 비난하는 것은 오지랖일 뿐이다.

사랑은 개인적인 일이다. 그런데 법적인 결혼만이 공식적으로 인정되는 사회 속에서, 결혼했으면서 혼외연애를 하는 사람은 비난을 감수해야 한다.

가령 일부다처제나 일처다부제를 인정하는 나라라면 아무런 문제가 없다. 또는 '결혼은 제도일 뿐, 사람의 마음과는 별개의 문제'라고 폭넓게 생각하면 사회의 정의를 들먹일 일도 없으리라.

연예인의 혼외연애가 밖으로 드러나면 '이때다!'라는 식으로 모든 매스컴이 쫓아다니며 엄청난 비난을 퍼붓곤 한다. 그만큼 남의 일을 재미있게 떠드는 사람이 많다는 뜻이기도 하지만, 그 이면에는 질투와 시기에 휩싸여서 정의를 들먹이는 사람도 있을 것이다.

갈등하면서도 사랑을 받아들인다

여성들의 입에서 연애와 결혼은 별개라는 말이 나오게 된 지 벌써 몇 년이 흘렀다. 그러면 모두 그렇게 생각하는가 하면 결코 그렇지는 않다.

특히 혼외연애에 빠졌을 때, 대부분의 여성은 괴로워한다.

"나는 지금 무엇을 하고 있는 걸까?"

"이런 짓을 해도 괜찮을까?"

성실한 사람일수록 자신의 가정과 아이, 상대의 가정과 아이를 무거운 압박으로 느끼게 된다. 그래도 그 사랑을 관철하고 싶다는 정열이 시들지는 않는다.

"한때는 음식이 목에 넘어가지 않는 날들이 있었어요."

요시코 씨(46세)는 3년 전 사랑에 빠졌을 때를 되돌아보고 이렇게 말했다.

결혼하고 나서 다른 남자에게 한눈을 판 적은 한 번도 없다. 고등학생과 중학생인 두 아들이 있고, 남편과는 매우 평범한 부부이다. 한 달에 한두 번은 섹스도 한다.

"아들들은 사춘기에 접어들었지만, 남편이 잘 타일러서 그런지 지금까지 별다른 말썽을 부리지 않고 잘 컸어요. 가끔 가족 여행도 다니고, 남들이 보면 행복한 가족이라고 생각할 거예요."

그런데 그녀가 사랑에 빠졌다. 상대는 당시 아르바이트를 하던 회사의 상사. 지금은 상사가 다른 부서로 이동해서 업무 관계로 만나는 일은 없어졌다.

"계기는 송년회였어요. 우연히 집이 같은 방향이라서 택시로 바래다주었는데, 택시 안에서 그동안 나를 좋아했다고 말하더군요. 나도 그에게 좋은 감정은 있었지만, 워낙 성실한 사람이라서 그런 말을 할 줄은 꿈에도 몰랐어요."

해가 바뀌고 신년회가 있었지만, 그때 그녀는 일찍 집에 갔다.

"송년회다 신년회다 해서 계속 늦게 가기 미안해서 일찍 갔을 뿐인데, 상사는 내가 기분이 상해서 그랬다고 생각했나 봐요. 그 다음 날 문자메시지를 보냈더군요. '미안해, 하지만 당신을 좋아한다는 말은 진심이야'라고요. 업무상 휴대폰 번호는 모두 알고 있으니까요."

그래도 그녀는 그에게 마음을 허락할 수 없었다. 하지만 상사는 포기하지 않고 가끔 문자메시지를 보냈다. 시간이 흐름에 따라서 그녀의 마음도 점점 녹아갔다.

"원래 좋은 사람이라고 생각했으니까요. 시간 있을 때 식사라도 하자고 해서, 식사 정도라면 좋지 않을까 해서 그러자고 했어요."

그리고 상사를 만나기 전날, "내일 친구가 저녁 먹자고 하는데, 당신이 애들 저녁 좀 챙겨줄래요?"라고 말했다. 그러자 남편과 아이들은 머리를 맞대고 "남자 셋이 무엇을 만들어 먹을까?"라고 의논하기 시작했다. 마음속에서 꿈틀거리는 죄책감에 고개를 돌리고, 그녀는 상사와 식사를 하러 갔다.

남편 이외의 남성과 단둘이 식사를 하는 것은 결혼하고 나서 처음이었다. 그것 자체가 그녀에게는 상당한 모험이었다고 한다.

"거의 20년 만이었어요. 에스코트를 받으며 레스토랑에 간 것 말이에요. 그렇게 비싼 레스토랑은 아니었지만, 소박하면서도 분위기가 좋았어요. 그래서 그를 다시 봤지요."

평소에 거의 술을 먹지 않는 그녀가 와인에 취했다. 즐겁고 기분이 좋았다. 가슴이 설레고 하늘이라도 날아갈 듯한 기분이었다. 그리고 정신을 차리자 호텔에 있었다. 굉장한 비약이지만 그녀는 정말로 그런 느낌이 들었다고 한다.

"그의 품에 안겨서 키스를 한 순간…… 갑자기 이래서는 안 된다고 정신을 차렸어요. 하지만 멈출 수 없더라고요. 그 사람도, 나도……."

분위기에, 그리고 그의 달콤한 말과 쾌락에 취했다.

"집에 데려다 준다는 그를 뿌리치고 마지막 전철을 탄 순간, 끝없는 후회가 밀려들었어요. 휴대폰을 보자 남편의 문자메시지가 들어와 있더군요. '먼저 잘지도 모르겠어, 즐겁게 놀다 천천히 와'라고요. 그 순간 마음이 혼란스러우면서 죄책감에 휩싸였어요."

그런 마음이 한동안 계속되었다. 다음 날 상사에게 문자메시지가 왔지만 답장을 보낼 수 없었다. 어떻게 해야 좋을지 알 수 없었던 것이다.

"그로부터 2주 후 퇴근길에 상사와 차를 마셨어요. 얼굴을 본 순간, 그를 사랑하고 있다는 걸 깨달았습니다. 하지만 남편이나 자식을 배신하고 있다고 생각하니 괴로워서 견딜 수 없었어요. 그래서 그에게 그렇게 솔직하게 말했어요. 그는 '난 계속 당신을 좋아했어, 지금도 그리고 앞으로도 좋아할 거야'라고 하더군요. 비겁한 말이라고 생각했지만 그를 향한 마음은 점점 커져만 갔습니다."

처음에는 그에게 끌려가는 형태를 취했지만, 그녀는 결국 자신의 마음에 솔직하게 행동했다. 여기에서 뒤로 물러서면 나중에 후회할 것 같은 생각이 온몸을 휘감은 것이다.

"내가 더 젊거나 아이가 어렸다면 아마 뒤도 돌아보지 않고 물러섰을 거예요. 하지만 난 이미 마흔 살이 넘었잖아요. 남은 인생을 떠올리자 여기서 포기하면 앞으로 얼마나 후회할까, 라는 생각이 들더군요. 물론 이기적이라는 것은 알아요. 하지만 어쩔 수 없었어요."

이기적이란 것을 알지만 어쩔 수 없었다…….

혼외연애에 빠진 여성들이 흔히 하는 말이지만, 이 말은 거짓이 아니다. 알고 있어도 어쩔 수 없는 마음. 자신의 마음을 수습할 수 없는 감각. 결혼한 후에 만난 새로운 사랑에 당황하지 않고 절묘하게 대처할 수 있는 사람이 어디 있으랴. 가벼운 기분이라면 적당히 대처할 수 있다. 하지만 진심이니까 복잡한 것이다.

"죄책감이 희미해질 때까지 여섯 달이 걸렸어요. 그러는 사이에 도저히 만날 수 없다고 몇 번이나 말했지요. 그러자 그는 기다리겠다고 하더군요. 그 말에 매달리며 어느덧 3년이 흘렀어요. 그는 지금도 변하지 않고, 내 마음도 변하지 않았지요. 앞으로 어떻게 될지 걱정이 되기도 하지만 지금은 생각하지 않기로 했어요. 지금 생각해봤자 어쩔 수 없으니까요."

3년이 지나서 그녀는 겨우 자신의 일상에 그를 받아들였다.

이렇게 말해도 좋을지 모르지만, 여자에게는 가족과의 일상 이외에 자신만의 취미 시간이나 혼자만의 시간이 있다. 그 시간표에 남자가 들어오면 쉽게 헤어질 수 없다. 그곳에 들어올 때까지는 어느 정도 시간이 걸리겠지만…….

"지금도 가끔 이래도 될까 싶은 생각이 들긴 하지만, 오래 만날 수 있도록 서로의 마음을 확인하고 있기 때문에 만나지 못하는 시간에도 불안하지는 않아요."

처음에는 만나지 못하는 시간이 길어지면 패닉 상태에 빠졌다.

'이제 나를 싫어하는 게 아닐까? 나에게 관심이 없어진 게 아닐까?'

그런 불안이 점점 팽창하면서 도저히 가만히 있을 수 없었다고 한다. 하지만 그는 흔들리지 않았다. 그런 그를 보고 그녀도 조금씩 안정을 되찾았다. 그리고 그것이 두 사람의 신뢰감으로 이어졌다.

" 여자는 타고난 배우다

집에서는 아내와 엄마의 얼굴을, 그리고 그를 만날 때는 여자의 얼굴을 그녀는 구분하게 되었다. 이런 행동은 남성보다 여성이 훨씬 빠르고 훨씬 능숙하다. 여자는 타고난 배우가 아닐까?

예전에 어느 여성이 나에게 혼외연애에 관해 이야기를 하다가 갑자기 울음을 터뜨린 적이 있다. 새로운 사랑을 말하면서 눈물을 훔치는 여성들은 적지 않지만, 그 여성은 통곡이라도 하듯 목을 놓아 울었다. 장소는 호텔 커피숍으로, 사람들의 눈길이 일제히 우리에게 쏟아졌다. 나는 어색한 미소를 지으며 그녀의 이야기를 들었다.

잠시 후, 그녀는 언뜻 시계를 보더니 갑자기 안색을 바꾸었다.

"죄송해요. 요즘 시험기간이라서 아이가 일찍 오거든요."

자리에서 일어난 그녀의 얼굴은 완전히 엄마의 얼굴로 돌아가 있었다. 이 사람이 정말 조금 전까지 "그가 보고 싶어서 견딜 수 없어요"라고 눈물을 뚝뚝 떨구었던 사람이란 말인가.

"아이가 이 호텔의 빵을 좋아하거든요. 좀 사가야겠어요. 그러면 다음에 뵐게요."

살포시 웃으며 밖으로 나가는 그녀의 뒷모습을 바라보면서 여자는 역시 타고난 배우라고 생각했다. 특별히 의식하지 않아도 스위치가 바뀐다. 이렇다면 배우자가 알아차릴 리 만무하다.

처음에 갈등하는 시기라면 또 몰라도 어느 정도 안정되면 배우자가 아내의 태도에서 혼외연애를 눈치채기는 쉽지 않다. 그렇게 해서 아내들의 혼외연애가 계속되는 것이다.

3장

혼외연애의 실태

"

혼외연애,
대체 어디에서 시작되는 것일까?

혼외연애를 하는 사람이나 하지 않는 사람이나, 다른 커플에 대해서 알 수 있는 기회는 그렇게 많지 않을 것이다.

여기에서는 내가 지금까지 만난 혼외연애 커플의 경험담을 소개하고자 한다. 그들이 어디에서 처음 만났고, 어떻게 만나고 있는지, 또 여성들은 어떤 것으로 고민하고 갈등하는지⋯⋯. 최근에는 주변의 지인들까지 자기편으로 만들어서 혼외연애를 계속하는 사람들까지 있다.

어떤 사람과 어디에서 만나는가?

혼외연애라는 단어를 처음 들었을 무렵, 상대는 대부분 직장 상사나 동료였다.

수영강사나 피트니스클럽 코치도 적지 않았다.

한때 만남 사이트가 유행했던 적이 있다. 가정주부가 그런 사이트를 이용하느냐고 고개를 갸우뚱거리는 사람도 있겠지만, 그녀들은 신중하면서도 대담하게 만남 사이트를 이용하고 있었다.

만남 사이트를 통해 알게 되어도 젊은 여성들처럼 즉시 만나지는 않고, 한동안 메일이나 문자메시지를 주고받으며 상대의 성격을 파악한다. 서둘러 만나자고 하는 남성은 그 자리에서 거부한다고 그녀들은 말한다.

성적인 냄새를 풍기지 않고 일단 친구가 되고 싶다는 남성을 선택한 뒤, 취미 등에 관해 이야기하면서 마음이 맞으면 조금 깊은 이야기로 들어간다. 그리고 진심으로 이 사람을 만나고 싶은지에 따라서 만날지 말지를 정한다. 처음에 문자메시지를 주고받고 나서 최소한 석 달은 상황을 지켜본다고 한다. 상당히 신중하다.

다만 만남 사이트에서 알게 된 경우에는 서로 의심의 한 자락을 풀지 않는다.

"나는 만남 사이트를 통해서 맨 처음 만난 사람이 지금의 그였지만, 그는 다른 여성도 만났던 것 같아요. 그것 때문에 싸운 적도 있어요."

이렇게 말해준 여성도 있다. 다만 그런 식으로 만났더라도 만남을 계속 유지하는 커플은 적지 않다.

"만남 사이트를 통해서 만난 지 벌써 4년이 지났어요."

아이코 씨(45세)가 다섯 살이나 어린 남성을 만나기로 마음먹은 것은 음악에 대한 취향이 맞았기 때문이다. 그녀는 레게음악을 몹시 좋아한다. 하지만 남편에게는 그런 취미가 없다.

"가끔 레게음악의 오프라인 모임에 갔는데, 그곳에서도 이야기가 통하는 사람이 없었어요. 그런데 그와는 처음부터 아주 잘 통했지요."

그녀는 매우 평범한 주부처럼 보이지만, 레게음악 이야기만 나오면 온몸이 뜨거워진다고 한다. 그런 점이 그와 딱 맞는다.

"그 사람을 만나서 레게음악 이야기를 하고, 같이 레코드가게에 갔어요. 아주 즐거웠어요. 음악에 대한 열정과 그에 대한 열정을 착각했을지도 모르지만요."

그녀는 그렇게 말하면서 함박웃음을 지었다.

레게음악 이외에도 그와는 이야기가 잘 통하고, 같이 있으면 즐겁다고 눈을 반짝이며 말했다.

"한 달에 한두 번밖에 못 만나지만, 나에게는 무엇과도 바꿀 수 없는 소중한 시간이에요."

또한 각자 가정에 대한 불만으로 의기투합한 사람들도 있었는데, 그런 부정적인 면에서 일치하는 커플은 오래 지속되지 못한다.

현실에서 도망치는 사랑에는 희망이 없다. '이 사람이 아니면 안 된다'는 강한 마음이 없으면 관계가 지속되지 않는 것이다.

한때 '동창회 불륜'이라는 말이 유행한 것처럼 동창회에서 만난 커플도 많지만, 의외로 이웃 간의 불륜도 적지 않다.

주민모임에서 알게 되거나 동네 술집의 단골손님, 아이 친구의 부모 등 만남의 계기는 매우 다양하다. 같은 아파트 주민을 만나는 사람도 있다고 한다. 또한 남편의 친구나 동료, 나아가서는 시동생이나 제부 등, 상대는 다방면에 걸쳐 있다. 가까운 곳에 있으면 들키기 쉽다고 생각하지만, 등잔 밑이 어둡다는 말이 있듯이 의외로 들키지 않는다고 한다.

부부 동반으로 동네 술집에 갔다가 알게 되고, 그곳에서 혼외연애로 발전했다는 이야기를 듣고는 나도 상당히 놀랐다.

"이사 와서 남편과 같이 처음 간 술집에서 그들 부부를 만났어요. 이번에 근처로 이사 왔다고 하니까 상대도 그 근처에 산다고 하더군요. 우리 집에서 그 집까지는 걸어서 1분밖에 걸리지 않거든요."

노리코 씨(42세)는 두 살 많은 남편과의 사이에 중학생과 초등학생 아이가 있다. 친정엄마와 같이 살기 위해 지금의 집으로 이사 온 것이 2년 전. 부부가 가볍게 한잔하려고 처음 간 동네 술집에서 동갑인 아키라 씨 부부를 만났다.

그 이후 아키라 씨 부부는 여러모로 노리코 씨 가족에게 신경을 써주었다. 이웃 사람의 소개부터 주민모임에 참석하는 것까지, 여러 가지 의논 상대가 되어준 것이다.

"어느 날, 남편이 늦게 온다고 해서 저녁식사를 마치고 혼자 그 술집에 갔어요. 그랬더니 아키라 씨도 혼자 와 있더군요. 아내가 늦게 퇴근하는 날이면 혼자 그곳에서 저녁을 먹는다면서요. 그 사람은 스무 살에 아이가 생겨서 결혼했대요. 큰아이는 지방 대학에 가서 거의 집에 오지 않고, 작은 아이는 전문대학 기숙사에 있다더군요. 그날 처음으로 개인적인 이야기를 들었어요."

다른 테이블에도 단골손님이 있었지만, 그들은 둘이서 이런저런 개인적인 이야기를 나누었다.

"아키라 씨 부부는 사이가 좋은 것처럼 보였지만, 부부 문제는 아무도 모르는 거니까요. 아내가 워낙 바빠서 외로운 것 같았어요. 우리 부부에게도 나름대로 문제가 있었고요. 나는 여기저기 돌아다니고 싶은데, 남편이 사교적인 타입이 아니라서 돌아다니는 걸 싫어하거든요. '그래도 큰 불만이 아니라서 다행이네요' '너무 행복해서 그래요'라고 서로를 위로했지요. 그런데 그 이후에 나도 모르게 아키라 씨를 의식하게 되었습니다."

그때부터 남편이 늦게 오는 날이면 저녁을 먹은 뒤 혼자 술집에 들르게 되었다. 아키라 씨는 아내와 같이 온 날도 있고, 혼자 온 날도 있었다. 이야기를 할수록 그녀의 마음속에 그의 존재가 커져갔다. 그도 자신을 특별하게 생각한다는 확신이 있었지만 서로 한 걸음을 내딛지 못했다.

어느 날 그녀 혼자 술집에 갔다가 나왔을 때, 술집 앞에서 마침 퇴근하는 아키라 씨를 만났다.

"내가 집에 가는 길이라고 말하자 그는 '시간 있으면 잠시 산책이나 하실래요?'라고 하더군요. 그러더니 뒷골목으로 들어가서 역에서 멀리 떨어진 러브호텔로 들어가더군요. 저항은 하지 않았어요. 언젠가 그렇게 될 것 같다고 생각했으니까요. 아니, 솔직히 말하면 마음속으론 그렇게 되기를 바라고 있었습니다."

중년 남녀의 암묵적인 양해. 그러면 남은 문제는 타이밍뿐이다. 호텔 방에 들어가서 두 사람은 처음으로 서로의 마음을 확인했다. 그리고 그 이후 지금까지 두 사람의 관계는 계속되고 있다.

혹시 누가 눈치라도 채면 큰일이라 세심하게 신경 쓰고 있다고
그녀는 말했다.

"신경을 안 쓸래야 안 쓸 수가 없어요. 그게 굉장한 스트레스예
요. 집에서 멀리 떨어진 호텔에서 만나거나 그가 특별히 시간을
내서 낮에 만나거나 하지요. 안 그러면 밤에 가끔 술집에서 만나
는 정도예요. 그때는 완전히 동네 친구 같은 분위기지요. 내가 이
웃의 다른 남성과 친하게 이야기하면 그가 화를 내기도 하지만,
그것이 또한 양념이 되면서 2년 넘게 이어지고 있어요."

아직까지 남편이 의심한 적은 없다. 아키라 씨의 아내는 자신
의 남편과 노리코 씨의 사이가 너무 좋다고 가끔 놀린다고 한다.

"그 사람은 아내가 자신에게 관심이 없다고 하지만, 내가 보기
엔 그렇지 않아요. 사실은 그런 식으로 놀리면서 반응을 보는 게
아닐까요? 그래서 술집에서 그의 아내를 만나면 심장이 쿵쾅쿵
쾅 방망이질을 쳐요. 그리고 그것을 알아차리지 못하도록 죽을힘
을 다해 태연하게 행동합니다."

위험한 외줄타기이지만 그래도 그만둘 수 없는 것이 사랑이다.

딱 한 번 간이 덜컹한 적이 있었다고 한다. 멀리 떨어진 호텔에
갈 때는 대부분 그녀의 차를 타고 가는데, 길에서 남편의 차와 지
나친 것이다.

"아, 남편 차예요!"

그 소리를 듣고 아키라 씨는 순간적으로 조수석 밑으로 몸을 숙였다고 한다.

그리고 그녀는 조수석에 커다란 가방을 올리고, 지나가는 남편을 향해 생긋 웃으며 손을 흔들었다. 이런 때 여성의 판단력에는 혀를 내두르지 않을 수 없다.

"집에 오니까 남편이 어디 다녀왔느냐고 묻길래 친구를 만났다고 했더니 순순히 수긍하더군요. 그때 아키라 씨의 재빠른 움직임이 좋았어요. 나중에 물었더니 언젠가 그런 일이 있을지도 몰라서 미리 연습했다고 하더라고요. 나는 그런 일은 상상도 못 해서 정말로 그 자리에서 판단했지만요."

위기일발의 사태에 직면해도 그들의 관계는 변하지 않았다. 그런 위험을 각오하면서도 계속하고 싶은 것이 사랑일지도 모른다. 아니, 위기가 있을수록 더욱 불타오른다고나 할까?

모든 것을 잃어버릴 가능성도 있다

이런 식으로 혼외연애 상대가 가까운 곳에 있으면, 배우자에게 들킨 순간에 모든 것을 잃어버릴 수도 있다.

최근에는 아내가 바람을 피우는 것이 아닌가 의심하는 남편이 늘고 있다고 한다. 하지만 이상하다고 생각하면서도 진실을 알려고 하지 않는 경우가 많다. 진실을 모른 채 지나가고 싶다, 언젠가 틀림없이 돌아와 줄 것이라고 여기는 것이다. 또는 집 안에서 싸우고 싶지 않은 마음도 있다.

우연히 사실을 알게 되어도 다시 돌아와 주면 된다는 남편들이 많다. 하지만 자존심을 짓밟혔다고 이혼을 선언하는 남편도 없지는 않다.

"이혼하고 아이도 빼앗겼어요. 그 이후 애인과 같이 살기 시작했지만 결국 애인과도 헤어졌고요. 그는 아내 곁으로 돌아가고, 내 사랑은 허무하게 끝나고 말았습니다."

도모코 씨(46세)는 남의 일을 말하듯 담담하게 예전의 괴로운 경험을 말해주었다.

마흔 살이 되었을 때, 특별한 이유도 없이 불안이 스며들면서 결국 몸과 마음을 모두 지배하게 되었다. 당시에 아들은 열다섯 살이었는데, 집의 리모델링을 맡은 인테리어 업자와 친해지면서 집에서 관계를 가지게 되었다.

리모델링이 끝나고 나서도 그들의 관계는 끝나지 않았다. 그러던 어느 날 우연히 몸이 아파서 조퇴한 아들이 그들의 관계를 마주하고 말았다. 그리고 모든 것이 수면 위로 떠올랐다.

"남편이 우리 부모님한테까지 말하는 바람에 이혼할 수밖에 없었어요. 난 무일푼으로 쫓겨나고 친정에도 돌아갈 수 없었지요. 한때는 그와 멀리 도망쳐서 같이 살았지만, 몇 달 만에 집으로 돌아가더라고요. 그쪽 아내가 문자메시지로 돌아와 달라고 종종 애원했던 모양이에요. 아이가 아직 초등학생이었거든요."

그녀는 외로웠다. 남편과의 관계가 좋지 않았던 것이다. 남편은 항상 그녀를 무시하고 밑으로 내려다보았다. 하지만 지금에 와서는 어떤 핑계도 소용이 없다. 모든 것이 다 허무하다고 그녀는 혼잣말처럼 중얼거렸다.

"그 사람은 지금도 내 걱정을 하지만, 마음속으로는 가정으로 돌아가서 안도하고 있을 거예요. 나는 이제 평생 아들을 만날 수 없게 됐어요. 아들의 마음속에 커다란 상처를 남겼으니까요. 아들은 평생 트라우마를 껴안고 살게 되겠지요. 집에서 엄마가 다른 남자와 섹스하는 걸 봤으니까요."

죽고 싶었다고 작은 목소리로 덧붙였다. 하지만 모든 것을 잃어버려도 죽을 수는 없었다.

이 깊은 후회에 대해서 내가 해줄 말은 아무것도 없다.

그녀는 가끔 가족과 함께 살았던 집을 보러 간다고 한다. 집이 지저분해지지 않았는지 확인하기 위해서라고 하는데, 실제로는 예전 남편이 새 아내를 맞이하지 않았는지 신경 쓰이는 게 아닐까?

"남편은 몰라도 아들에게만은 더 이상 상처를 주고 싶지 않아요. 새엄마가 와서 아들의 마음이 편해진다면 다행이지만, 이렇게 한심한 엄마의 기억이 가슴속에 남아 있는 이상 어떤 사람에게도 쉽게 마음을 열 수 없겠지요."

이런 식으로 모든 것을 잃어버리는 여성이 있다. 집에서 남편 이외의 남성과 섹스를 하는 것은 아주 위험한 일이지만, 때로는 그런 상식을 날려버리는 것이 사랑이나 욕망의 무서운 점이다. 그런데 하필이면 사춘기 아들에게 그 장면을 들킬 줄이야……

그래도 그녀는 지금 열심히 살고 있다. 언젠가 아들을 만나고 싶다는 일념으로. 아들이 이해해줄 날이 오지 않을지도 모르지만, 그래도 그녀는 죽을힘을 다해 열심히 사는 것으로밖에 속죄할 수 없다고 생각하고 있다.

가벼운 마음으로 한 발을 내민 사랑이 때로는 목숨을 위협할 만큼 치명상이 되는 경우도 있다. 또는 아무리 이를 악물어도 마음을 억제할 수 없어서 사랑에 몸을 맡긴 결과, 누구에게도 알려지지 않고 계속되는 경우도 있다. 무엇이 어떤 결과를 초래하고, 사랑의 끝이 어떻게 될지는 아무도 모른다.

사랑은 사람의 영혼을 송두리째 뒤흔드는 마물魔物이다. 결혼한 사람들에게는 이 마물을 어떻게 길들이느냐가 중요한 문제로 떠오른다. 사랑에 휘둘려서는 안 된다. 어떻게든 사랑을 통제해야 한다. 그런데 사랑은 참으로 복잡해서, 좀처럼 주도권을 잡을

수 없다. 감정이 이성을 억제해서 균형을 취할 수 있다면 얼마나
좋을까.

사랑을 시작하는 것은 쉬운 일일지도 모른다. 하지만 사랑을
사랑으로서 어떻게 유지하느냐, 사랑을 사랑으로서 어떻게 끝내
느냐…… 기혼자의 사랑에서 가장 어려운 점은 이것이리라.

남편의 동료를 만나는 아내

그렇게 많지는 않지만 때로는 남편의 동료를 만나는 여성도
있다.

"남편이 집에서는 상당히 권위적이고 폭력적이에요. 몸에 손을
댄 적은 없지만, 언어폭력으로 얼마나 괴롭히는지 몰라요. 예전
에 남편의 회사 동료가 술에 취한 남편을 집에 데려다 준 적이 있
어요. 그때 나도 모르게 그런 이야기를 했더니 안쓰러운 눈길로
쳐다보더군요. 그 이후 지금의 관계가 되었어요."

이즈미 씨(39세)는 남편의 회사 동료인 다섯 살 연상의 남자를
만난 지 1년째이다.

남편은 밖에서는 친절하고 말도 잘해서 여사원들에게 인기가
많다고 한다. 회사 동료에게 그런 말을 듣고 그녀는 자신이 너무

도 비참했다고 한다.

"아내에게는 웃지도 않으면서, 회사에서는 어설픈 개그로 관심을 끌려고 하다니. 회사 생활을 하려면 어쩔 수 없을지 모르지만, 난 그렇게 너그럽게 생각할 수 없었어요. 남편의 동료와 관계를 가짐으로써 어쩌면 남편에게 복수하고 싶었는지도 모르죠. 그 사람은 아주 좋은 사람이고 진심으로 좋아하긴 하지만, 순수하게 좋아하느냐는 물음에는 고개가 갸웃거려져요. 마음속 어딘가에 꺼림칙한 감정이 똬리를 틀고 있는 것 같아요."

이런 식으로 인간관계가 복잡해지면, 가령 상대에 대한 사랑이 있어도 그녀처럼 남편에 대한 복수심과 겹치는 경우도 있게 된다. 반대로 말하면 가족과 아무런 관계가 없는 곳에서 시작하는 사랑이 더 마음 편할지도 모른다.

"그 사람은 저보고 남편과 헤어지고 자기와 같이 살자고 해요. 아이도 없고 아내도 일을 하니까 그쪽은 이혼하기 쉽겠지요. 하지만 나는 그렇게까지 발을 내디딜 수 없어요. 남편은 아이와도 대화를 하려고 하지 않지만, 그래도 아이의 아빠니까요. 나 자신만을 위해서 이제 겨우 열 살짜리 어린아이에게서 아빠를 떼어놓아도 될지 모르겠어요."

엄마이기도 한 여성들 중에는 이런 고민을 하는 사람이 많다. 사랑과 결혼을 별개로 생각하는 사람만 있는 것은 아니다.

" SNS에서 시작된 사랑

그렇다면 혼외연애를 하는 사람들은 처음에 어디서 알게 되는 것일까? 최근에는 SNS가 가장 많은 사례로 꼽힌다. 특히 앞에서도 말한 것처럼 페이스북에 졸업한 학교를 등록해두면 그것을 보고 누군가가 찾아오기도 한다. 그것을 계기로 중학교나 고등학교 동창생을 만날 기회가 늘어나는 것이다.

"옛날 친구가 갑자기 연락해오니까 왠지 가슴이 설레고 기분이 좋더군요."

미치 씨(50세)는 그렇게 말했다. 막내가 대학에 들어가면서 자신의 에너지를 모두 소모했다고 생각했던 1년 전, 페이스북을 통해 고등학교 선배가 연락해왔다.

"나는 지방 출신으로, 지금은 도쿄에 살고 있어요. 그는 회사 일로 가족과 떨어져서 도쿄에서 혼자 살고 있고요. 식사라도 같이 하자고 해서 깊이 생각하지 않고 나갔어요."

그래도 오랜만의 외출이니까 새 원피스를 샀다. 예쁜 레이스가 달린 새 속옷까지 입었다고 한다. 그런 부분까지 확실히 기억하는 것이 흥미롭다. 여성은 자신의 심층심리를 똑바로 보지 않고 '별다른 생각은 없었다'고 말하지만, 실제로는 남편 이외의 남성과 식사할 뿐인데 예쁜 속옷을 새로 산 것이다. 동성 친구를 만날 때 속옷에 신경 쓰는 여성이 어디 있으랴.

그때 여성은 이미 '남자를 만날 때 여자로서의 자신'을 의식하고 있었던 것이다. 모르는 척 시치미를 뚝 떼고…….

그녀는 그날 그와 식사만 하고 집에 들어왔다. 하지만 원피스가 잘 어울린다, 여전히 아름답다는 칭찬은 마음속에 깊이 새겨졌다.

"특별히 데이트라는 생각은 없었지만 기분은 좋았어요. 옛날에 좋아했던 선배였으니까요. 둘 다 나이는 먹었지만 그는 옛 모습이 그대로 남아 있었고, 왕성하게 열심히 일하는 모습이 근사하게 느껴졌어요."

또 만나고 싶었다. 그리고 또 만났다. 세 번째 만남 때 그가 유혹해왔다.

"오늘 이대로 돌려보내면 평생 후회할 것 같아."

그리고 그가 혼자 사는 아파트에 갔다.

혼자 사는 남성을 만나는 경우, 그의 집을 만남의 장소로 이용하는 경우가 많다. 아내가 언제 들이닥칠지 모르는데도 말이다.

"아내에게는 열쇠가 없다고 했어요. 어떻게 그럴 수 있느냐고 했더니 '우리는 이미 차갑게 식었어'라고 하더군요. 그 말을 듣고 조금이지만 기쁘더라고요."

유부남이 아내 이외의 여성을 유혹할 때 흔히 하는 말이다.

"아내와는 이미 남처럼 살고 있다."

"아내와 잘 지내지 못한다. 방을 따로 쓰고 있다."

"아내를 사랑하지 않는다."

이런 말을 믿어서는 안 되지만, 사랑에 익숙하지 않은 그녀는 순순히 그 말을 믿었다.

그녀는 남편과 잘 지내는 것은 아니지만, 그렇다고 차갑게 식은 것도 아니었다. 오래 산 부부는 모두 자신과 똑같을 것이라고 포기와 비슷한 심정으로 살았다. 그리고 결국 새로운 사랑에 빠진 것이다.

처음에는 그와 남편을 사사건건 비교했다. 남편보다 훨씬 다정하다, 남편보다 훨씬 집안일을 잘한다, 남편보다 훨씬 좋은 회사에 다닌다, 무엇보다 나를 사랑해준다…….

기혼 여성이 사랑에 빠진 경우 남편과 애인을 비교하는 경향이 있는데, 그녀 역시 그의 좋은 점을 발견할 때마다 사사건건 남편과 비교했다고 한다. 남편보다 멋진 사람이 자신을 사랑해준다고 생각함으로써 마음의 빈자리를 채우려고 했던 것은 아닐까?

"자존심이 되살아나면서 왠지 뿌듯하더라고요. 그가 남편보다 훨씬 잘생겼거든요."

다만 시간이 지남에 따라서 그는 밖에서 만나는 것을 꺼렸다. 그녀도 밖에서 만나는 것보다 안전하다고 생각해서, 약속한 시간에 그의 집으로 갔다.

"여섯 달쯤 지났을 때, 그의 집 초인종을 아무리 눌러도 나오지 않더군요. 그럴 리 없다고 생각해서 몇 번이나 눌렀어요. 그때 안에서 찰칵 문이 열리고, 웬 여자가 얼굴을 내밀더군요. 순간적으로 아내라는 것을 알고 '죄송해요, 집을 잘못 찾았나 봐요'라고 말하며 돌아서려던 순간, 그 여자가 '잠깐만요!'라고 소리쳤습니다. 그리고 그 뒤에서 모습을 드러낸 그가 '이 여자를 내가 어떻게 알아, 집을 잘못 찾았다고 하잖아!'라고 하더군요. 그와 아내가 옥신각신하는 사이에 도망쳤어요. 뒤에서 '도둑이야!'라고 외치는 소리가 들렸어요. 죽고 싶을 만큼 비참했습니다."

나중에 확인한 휴대폰에는 '미안하지만 오늘은 급한 일이 생겨서 못 만나겠어'라는 그의 문자메시지가 들어와 있었다. 하지만 그녀는 그를 만날 수 있다는 기쁨에 들뜬 나머지, 문자메시지를 확인하지 않은 채 그의 집으로 갔던 것이다.

아내는 집에 오지 않는다, 아내와는 차갑게 식었다…….

그런 그의 말은 모두 거짓이었다.

"다음 날 그에게서 문자메시지가 왔어요. 어제는 미안했다고요. 아내가 도쿄에 볼일이 있어서 갑자기 왔다는 둥 구차한 변명이 쓰여 있었지만, 내 마음은 이미 차갑게 식었습니다. 나는 결국 아내와 같이 살지 않는 남자가 공짜로 성욕을 배출하기 위한 편리한 여자일 뿐이었다는 생각이 들더군요. 얼마나 비참했는지 몰라요."

그녀의 눈에서 눈물이 떨어졌다. 그래도 그를 냉정하게 잘라낼 수 없어서, 한동안 질질 끌려 다녔다.

"이런 관계는 끝내야 한다고 생각하면서도, 그가 다정하게 대해주면 또 만나게 되더군요. '내가 진심으로 사랑하는 사람은 당신뿐이야'라고 말하면서 다정하게 안아주면 몸도 마음도 녹아내려요. 내가 점점 이상해지고 있다는 느낌이 들었어요."

진심으로 그를 사랑한 것일까? 아니면 승인 욕구가 강한 것뿐일까? 아마 후자이리라.

사람은 누구나 다른 사람에게 인정받고 싶다는 승인 욕구를 가지고 있다. 그리고 사랑은 상대를 인정하는 것으로 이어진다. 하지만 승인 욕구가 지나치게 강해서 연애 감정을 뛰어넘는 경우, 그 사랑은 변질될 가능성이 높다. 인정받기 위해서 상대가 시키는 대로 하거나 자신의 마음을 죽이게 되는 것이다.

연애란 본래 가장 자기답게 있을 수 있는 상태여야 한다.

처음에는 긴장감이 강할지도 모르지만, 상대를 사랑하면서 점차 긴장감과 편안함이 적당한 균형을 취한다.

그녀가 '그에게 안기기 위해서 만나는 상태'에 빠졌을 때, 돌연 아버지가 세상을 떠났다. 낮에 집에서 연락을 받고, 그녀는 남편과 그에게 동시에 문자메시지로 그 사실을 알렸다.

"남편에게서는 그 즉시 '마음 단단히 먹어, 바로 집으로 갈게' 라고 답장이 왔는데, 그에게는 한참 지나고 나서 '삼가 명복을 빕니다'라는 답장이 왔습니다. 입장이 다르니까 어쩔 수 없지만 그의 문자메시지가 너무나 차갑게 느껴졌어요. 내가 얼마나 마음 아플지 생각해주지 않더군요."

그녀는 집으로 달려온 남편에게 매달려서 울고 또 울었다. 남편은 그녀를 다독이며 즉시 기차표를 예매해서 같이 친정으로 향했다.

"남편은 이럴 때 필요한 사람이라는 생각이 새삼 들더군요. 평소에는 별로 다정하게 대해주지 않는데, 그때의 남편은 정말 믿음직하고 의지가 되더라고요. 나는 아빠바보라고 할 만큼 아버지를 좋아했거든요. 남편도 그걸 알고 있어서 친정에 가서도 계속 신경을 써주었지요."

생각지도 못한 곳에서 남편을 다시 보게 된 그녀는 아버지의 장례식을 마치고 도쿄로 돌아온 뒤, 그와는 만나지 않겠다고 결심했다.

막상 큰일이 있었을 때, 정신적으로 위로해준 사람이 남편이 아니라 애인인 경우도 물론 있다. 그것을 계기로 그와의 관계가 더욱 돈독해졌다는 여성이 있는 것이다. 하지만 그녀의 경우에는 정반대였다.

중고등학교 동창생이라고 해서, 옛날에 좋아했던 사람이라고 해서 혼외연애가 잘되는 것은 아니다.

어디서 만나든 사랑을 키워나가는 커플이 있는가 하면 그렇지 못한 커플이 있다. 싱글끼리의 연애와는 역시 결정적으로 무엇인가가 다르다.

"

어떻게 하면 들키지 않을까?

사랑에 빠졌을 때 여자들은 남편에게 들키지 않도록 여러모로 연구를 한다.

누구에게도 말할 수 없다, 누군가에게 말하면 그 사람을 통해 다른 사람들에게 알려진다. 그렇게 생각하는 한편, 누군가 자신의 편이 있었으면 하는 마음도 있다. 그러는 편이 그와 데이트할 때 편리하기 때문이다.

아무에게도 말하지 않고 혼자 시작하고 혼자 끝내는 사람도 있지만, 보통 사람들은 그렇게 강하지 않다. 대부분의 여성은 자신의 비밀을 공유하는 친구가 한두 명 있는 것이다. 혼외연애 2년째에 접어드는 한 40대 여성은 이렇게 말했다.

"친구가 어떻게 해주기를 바라는 것은 아니지만, 이런 연애에는 스트레스가 쌓이는 일이 많아서, 나도 모르게 이야기를 하게 되지요. 친구는 결코 찬성하지는 않지만 자기 일처럼 이야기를 들어줘요."

또한 이렇게 말하는 여성도 있다.

"언젠가 끝날 거라고 각오는 하고 있어요. 그때 내가 어떻게 될지 몰라서 불안해요. 그래서 가끔 친구에게 어떻게 되고 있는지 대충 말해주고 있어요."

개중에는 연애도와주기모임을 만든 여성들도 있다. 모두 이웃에 사는 가정주부로, 30대에서 50대 사이의 여성들이다.

"약 5년 전에 동네 아줌마의 아이를 잠시 맡아준 적이 있어요. 나중에 아이를 데리러 왔는데, 평소보다 훨씬 아름다워 보이더군요. 그래서 농담처럼 '혹시 연애하는 거 아니에요?'라고 물었어요. 그런데 그때는 아무 말도 하지 않더니, 며칠 후에 집으로 놀러 와서 혼외연애를 하고 있다고 털어놓더라고요."

그렇게 말해준 사람은 리더 격인 하루카 씨(50세)이다. 그녀에게는 스무 살인 큰아들을 비롯해 아이가 넷이나 있다. 스물여덟에 결혼해서 두 번 이혼하고, 지금은 세 번째 결혼한 상태다. 막내아이는 여덟 살이다.

상대가 혼외연애를 하고 있다고 털어놓았을 때, 하루카 씨 또한 혼외연애를 하고 있었다.

"실은 나도 하고 있다고 털어놓으면서, 그때부터 이야기가 발전되었지요. 그러는 사이에 여섯 명이 모였어요. 일부러 모임을 만든 것은 아니지만, 어쨌든 비밀이 새어나가지 않도록 사람을 신중하게 선택하고 있습니다."

그녀들에게는 최소한의 세 가지 규칙이 있다.

첫째, 남의 연애에 관해 꼬치꼬치 묻지 않는다.

둘째, 알리바이가 필요하면 모두 입을 맞춰준다.

셋째, 무슨 일이 있어도 비밀은 지킨다.

"이것을 지키지 않으면 가정이 무너지니까요."

하루카 씨는 진지한 얼굴로 말한 뒤, 다음과 같이 덧붙였다.

"사람들은 대부분 이렇게 말하겠지요. '자식도 있는 사람이 연애라니!' 하지만 살다 보면 누군가를 사랑하게 되는 경우가 있어요. 그런 마음을 억누르기 힘든 경우도 있고요. 사랑이 끝난 후 '그는 결국 나를 갖고 놀았다'라고 좌절하는 여성도 있는데, 그럴 때에는 모두들 위로해줍니다. 다음에 또 사랑을 할지는 모르지만 이미 끝난 사랑에 집착하지 않도록, 정신적으로 편안해지도록 서로 다독여주는 거지요."

알리바이를 만들어주고 아이를 맡아주는 등 현실적으로 도와주는 것은 물론이고, 막상 일이 생겼을 때 정신적으로 위로해준다.

사랑이 시작되거나 사랑이 끝났을 때, 또는 그와의 사이에 문제가 생겼을 때 등 혼자 있으면 자꾸 나쁜 쪽으로 생각하게 된다. 그럴 때 서로 위로해주고 다독여주면 우울함에서 벗어날 수도 있고 나쁜 쪽으로 나아가지 않을 수도 있다.

하루카 씨의 말처럼 혼외연애는 어차피 남성이 여성을 갖고 노는 것이라고 말하는 사람도 있다. 하지만 정말 그럴까? 서로 이혼한 뒤 재혼하면 진짜 사랑이고, 연애로 끝나면 갖고 노는 것일까?

싱글이든 기혼이든, 사랑은 사랑이다. 혼외연애를 하는 대부분의 사람들도 그렇게 여길 것이다.

"그룹의 몇 사람이 차를 가지고 있어서, 시간이 있으면 데이트하는 곳까지 데려다 주는 일도 있어요. 늦어지면 데리러 가기도 하고요. 그리고 같이 집에 가서 남편에게 '밤늦게까지 부인을 끌고 다녀서 죄송해요'라고 변명을 해주지요. 그러면 남편도 의심하지 않으니까요."

그렇다. 그녀들에게는 서로 손을 잡고 남편을 속인다는 의식은 조금도 없다. 오히려 가정도 사랑도 원만해질 수 있도록 서로 협조해준다고 생각하는 것이다.

밖에서 애인을 만나면 가족에게 더 잘해주게 된다고 남자들은 말한다. 밖에서 연애하는 것에 대한 죄책감 때문이기도 하고, 결혼 생활과 혼외연애를 재빨리 전환하지 못하는 탓이기도 하다. 남자는 본래 그런 생물일지도 모른다.

그에 비해 여성이 죄책감을 가지지 않는 이유는 가정과 연애를 확실히 구분하기 때문이다. 더구나 여성들 중에는 가정도 일도 취미도 100퍼센트 확실히 하는 사람이 많다. 거기에 연애가 더해지면 연애에도 최선을 다한다.

남성은 모든 것을 종합해서 100퍼센트를 만들려고 하는 경향이 있지만 여성은 하나하나의 사항을 모두 100퍼센트로 만든다. 어느 쪽이 좋다 나쁘다의 문제가 아니라 이것이 남녀의 결정적인 차이인 것이다. 따라서 하루카 씨처럼 서로 도와주는 모임이 있으면 모두에게 좋은 일이 아닐까?

반대로 남자들은 절대로 이런 모임을 만들 수 없다. 서로의 자존심이 방해를 해서, 사소한 것까지 털어놓지 못하기 때문이다. 그런 면에서 여성들의 결속력은 상상을 초월한다.

❝

어머니의 도움을 받는다

최근에는 어머니나 자매들의 도움을 받는 경우도 늘고 있다.

"저는 엄마의 묵인하에 만나고 있어요. 엄마가 일부러 확인하지는 않지만요."

미나미 씨(48세)는 중학교 동급생과 사권 지 3년이 지났다. 결혼한 지 20년, 슬하에 열여덟 살과 열다섯 살의 자식이 있다. 남편과는 매우 평범한 부부다. 다만 최근 10년 동안은 섹스리스로 지내고 있다.

"그는 동창회에서 만났어요. 우연찮게도 지금 제가 사는 곳에서 차로 5분 정도 떨어진 곳에 살고 있더군요. 그쪽도 가정이 있지만 몇 번 만나는 사이에 헤어질 수 없게 되었습니다."

그는 집에서 웹 관련 업무를 하고 있다. 아내는 회사에 다니기 때문에 낮 시간은 비교적 자유롭다.

"우리 집에서 걸어서 5분 거리에 엄마가 혼자 살고 있어요. 가끔 친정엄마를 병원에 데려간다고 했더니, 낮에 시간이 빌 때는 차로 데려다 준다고 하더군요. 1년 전에 엄마가 입원했을 때는 차로 몇 번이나 데려다 주었어요. 퇴원할 때도 그가 집에 데려다 주었고요. 엄마에게는 친구라고 했는데, 아마 눈치챘을 거예요. 하지만 엄마는 아무것도 묻지 않았어요. 게다가 그를 아주 좋아하고요. 그가 무슨 말을 하다가 쿠키를 좋아한다고 했더니, 얼마 전에는 직접 만들어주시기까지 했어요."

그녀의 엄마는 사위와 별로 사이가 좋지 않다. 그래서 엄마와 같이 살지 않고 근처에 사는 것이다.

"엄마는 심성은 착하지만 하고 싶은 말을 마음속에 담아두지 못하는 성격이에요. 남편은 조용한 타입이라서 그런 엄마를 지긋

지긋하게 생각하지요. 엄마도 남편과 얘기하면 반응이 없으니까 따분해하고요. 지금 만나는 사람은 엄마처럼 농담을 좋아해요. 그래서 서로 쿵짝이 잘 맞아요."

가끔 한밤중에 그가 만나러 올 때가 있는데 그러면 그녀는 어머니에게 간다고 하며 집을 빠져나온다. 만일 남편이 어머니에게 전화를 걸어서 확인하면, 어머니는 순간적으로 '내가 지금 필요한 게 있어서 편의점에 보냈네'라고 말해주리라는 확신이 있다.

"엄마까지 끌어들이는 건 좀 그렇지만, 기왕 이렇게 되었으니 이제 와서 고민해봤자 어쩔 수 없겠지요. 지금은 남편과도 엄마와도, 그 사람과도 잘 지내면 된다고 생각해요."

때로는 정신적으로 어머니가 깊숙이 관련되어 있는 경우도 있다. 결혼한 지 15년째인 에이코 씨(45세)는 결혼 전부터 사귄 다섯 살 연상의 애인이 있다.

"직장 상사와 불륜 관계에 있었어요. 그를 포기하기 위해 동갑인 동료와 결혼했지요. 남편은 가족으로서는 정말 좋은 사람이에요. 마음도 넓고, 아이도 좋아하고요. 나에게 함부로 말한 적이 한 번도 없어요. 하지만 상사를 향한 마음을 멈출 수 없었지요. 출산과 육아 등으로 잠시 관계가 끊어졌지만 결국 지금도 계속 만나고 있어요."

그들의 만남은 20년이나 계속되고 있다. 결혼한 후에는 아이를 어머니에게 맡기고 그를 만나곤 한다.

"어느 날 엄마가 '네 남편처럼 좋은 사람은 없으니까 가정은 지켜야 한다'라고 하더군요. 전부 눈치챘다는 사실을 알고 솔직하게 이야기했어요. 그랬더니 엄마가 전적으로 도와주겠다고 하더군요. 이보다 더 든든한 지원군은 없지요."

그녀의 어머니는 왜 그렇게까지 도와주려고 할까? 어머니 자신이 사랑을 포기한 적이 있었기 때문이었다.

"내가 중학생 때쯤이었을 거예요. 엄마에게 사랑하는 사람이 있었나 봐요. 하지만 엄마는 결국 행동으로 옮기지 못했지요. 아버지는 매우 난폭하고 권위적인 사람으로, 툭하면 '여자는 빠져, 닥치란 말야!'라고 소리치곤 했어요. 아버지는 이미 세상을 떠났지만, 엄마는 가끔 자신의 사랑을 되돌아보는 일이 있대요. 그때 참지 않고 그를 만났다면 지금쯤 어떻게 됐을까? 여자로서 더 행복하지 않았을까? 그렇게 생각하는 것 같아요. 그래서인지 나에게 마음이 시키는 대로 하라고 하시더군요."

그녀의 어머니는 올해 73세. 아직 아픈 곳 없이 정정하다.

어머니 자신이 이루지 못한 사랑을 딸에게는 이루게 해주고 싶다. 그것이 딸의 행복이니까……

그런 마음은 충분히 이해할 수 있다. 부모라면 혼외연애를 하지 못하게 따끔하게 야단쳐야 한다는 것도 알고, 그것이 정론이라는 것도 알고 있다. 하지만 어머니조차 "네 마음이 시키는 대로 마음껏 연애해라"라고 말하는 시대가 된 것이다. 그 말을 듣고 왠지 가슴이 먹먹해졌다.

❝ 남녀의 거짓말 차이

"전 여동생과 손을 잡았어요."

미도리 씨(44세)는 전철을 타고 30분쯤 걸리는 곳에 사는 한 살 아래의 여동생과 매일 전화와 문자메시지로 연락을 주고받고 있다.

"10년쯤 됐을 거예요. 동생이 부탁을 했어요. 오늘은 언니와 외출하기로 했으니까 남편이 물으면 말을 맞춰달라고요. 무슨 일이냐고 물었더니, 데이트를 한다고 하더군요. 예전에 엄마에게도 그런 식으로 아이를 맡겼다고요. 처음에는 훈계를 늘어놓았지만 5년 전에 저도 똑같은 상황에 놓였습니다. 그 이후부터는 완전히 동생에게 의지하고 있어요. 실은 그와 여행을 간 적이 있는데, 그때도 동생이 '언니랑 같이 가는 사람은 저도 아는 사람이에요, 저도 같이 가고 싶었는데 아이가 아파서 이번엔 패스했어요'라고 남편에게 말해주었지요. 정말 든든하더라고요."

실제로 그녀의 동생은 그를 만난 적이 있다고 한다. '나도 아는 사람'이란 말은 엄밀히 말하면 틀린 말이 아니다.

남녀의 혼외연애를 취재하면서 느낀 것은 남녀의 거짓말이 조금 다르다는 점이다. 여성은 미도리 씨처럼 완전한 거짓말을 하지는 않는다. 따라서 스토리가 쉽게 완성된다.

그에 비해 남성은 100퍼센트 거짓말을 한다. 따라서 한번 빈틈이 생기면 그곳에서 거짓말이 탄로 나게 마련이다.

여행을 예로 들어보자. 이런 경우에 남성이라면 출장 간다고 말할 것이다. 그런데 나중에 여성과 같이 찍은 사진이 나오면 그것으로 끝이다. 하지만 여성은 여자 친구와 여행을 간다고 말하고, 혼자 있는 사진을 그에게 찍어달라고 한다. 그러면 나중에 가족들에게 그 사진을 보여주면서 여행에 관해서 이야기할 수도 있다. 그와 같이 찍은 사진은 스마트폰의 다른 폴더에 넣어두어서 들키는 일은 거의 없다.

머릿속에서 완벽한 스토리를 만드는 것도 여성의 특징이다. 이야기를 꾸미는 것이 아니라 직전에 있었던 다른 이야기로 바꾸는 것이다. 예를 들면 그와 데이트하는 날, 남편에게는 그만두는 회사 직원의 송별회로 늦어진다고 말한다. 그리고 집에 와서 남편에게 그 직전에 있었던 회사 직원의 송별회에 대해서 말해준다. 그래서 평소에는 되도록 회사 행사를 남편에게 말하지 않는다고 한 여성이 있다. 그 대신 진짜 송별회는 1차로 끝내고 가능하면

집에 일찍 들어간다는 것이다.

여성의 거짓말은 참으로 교묘하다. 그리고 거짓말을 추궁할 때 남자의 화살 끝은 어딘지 모르게 무뎌진다. 깊숙이 파고 들어가서 오히려 자신이 찔리면 어떻게 할까 걱정하는 것 같다.

한편 여성은 본인이 워낙 거짓말을 능숙하게 하는 덕분인지, 상대의 거짓말을 추궁하는 데에도 능숙하다.

"남편의 거짓말은 금방 알 수 있어. 얼굴에 그렇게 쓰여 있거든. 하지만 가끔 거짓말을 교묘하게 할 때가 있어. 그럴 때는 꼬치꼬치 물어보지. 그러면 도중에 허점이 드러나든지 '나를 못 믿어?'라고 화를 내든지 둘 중 하나야. 끝까지 거짓말을 하거나 잡아떼지 못해. 뭐 그게 그 사람의 장점이지만."

내 오랜 여자 친구는 웃으면서 그렇게 말했다. "남자는 참 단순하지?"라고 말하며 미소를 지었지만, 그렇게 말할 수 있는 것은 가정을 뒤흔들 만한 사건이 없었기 때문이리라.

혼외연애를 취재하는 도중에 혼외연애를 하지 않는 사람이 "들키지 않으면 다 되는 건가요?"라고 물었던 적이 있다. 그런 문제가 아니라는 마음과 그렇게 생각할 수도 있다는 마음이 동시에 들었다.

들키지 않은 것은 없었던 것과 똑같다는 말이 있다. 그래서 괜찮다는 말은 아니다. 오히려 혼외연애를 한다면 끝까지 완전범죄로 만들어야 한다.

배우자에게 씻지 못할 상처를 주어서는 안 되니까.

10년 사랑, 20년 사랑

앞에서 말한 에이코 씨는 결혼하기 전부터 시작한 사랑을 20년이 지난 지금도 계속하고 있다. 혼외연애가 10년, 20년 이어지는 것은 그렇게 흔한 일이 아니다. 10년, 20년이라고 말로는 간단하지만, 실제로는 아이가 열 살, 스무 살이 되는 기간이다. 그렇게 오랫동안 만날 수 있다니! 혀를 내두르지 않을 수 없다.

헤어지려고 해도 헤어질 수 없어서 계속되었다고 하지만, 실제로는 헤어지려고 하지 않았을 것이다. 세상의 시선도 곱지 않고 가족들의 눈치도 봐야 하지만, 그래도 헤어질 수 없어서 결국 다시 연락하는 경우가 많다. 매일 같이 생활하지 않는 만큼, 상대에게 싫증을 느낄 때까지는 오랜 시간이 걸린다.

헤어졌다 다시 만났다 하면서 어느새 15년의 세월을 보낸 히로코 씨. 그녀는 올해 쉰으로, 애인은 두 살 아래다. 같은 회사는 아니지만 일을 하면서 알게 되었다.

"그는 빠릿빠릿하게 일하는 스타일이 아니라서, 항상 내가 빨리하라고 재촉하곤 했지요. 그러던 어느 날, 내 덕분에 일이 잘되었다고 하면서 한잔 사겠다고 하더군요. 난 지금 시부모님과 같이 살아서, 시부모님이 아이들을 돌봐주고 있거든요. 그래서 한잔하러 갔는데, 의외로 말이 잘 통하고 분위기도 좋았어요.”

시부모는 그녀의 회사 생활에 매우 협조적이다. 그녀도 항상 고마워하고 있어서, 시부모와의 사이는 아주 좋다고 한다.

“조금만 더 같이 있자는 그를 뿌리치고 그날은 집에 왔어요. 그런데 헤어지기 직전에 갑자기 빌딩 사이에서 키스를 하더군요. ‘무슨 짓이에요!’ 하고 화를 냈지만 그날을 계기로 동생처럼 생각했던 사람이 남자로 바뀌었어요.”

그래도 사랑으로 발전할 줄은 꿈에도 몰랐다. 두 사람 다 가정이 있고, 그에게는 이제 막 태어난 아이도 있었으니까.

다만 그는 그녀만큼 아이에게 집착하지 않았다. 남자의 경우, 아이는 큰 장애물이 되지 않는다. 사랑스럽긴 하지만 약간 거리감이 있는 것이다.

“‘아이가 태어난 지 얼마 되지도 않았는데 바람을 피우려 하다니, 어떻게 그럴 수 있지!’ 처음에는 그렇게 생각했지요. 그런데 그는 다음 날부터 매일 문자메시지를 보내면서 ‘그것과 이것은 관계가 없어요’라고 하더군요. ‘어쨌든 다시 만나고 싶어요, 당신을 사랑해요’라고 하면서 폭풍처럼 다가왔지요. 난 사실 친구 소개로 만난 사람과 결혼해서 연애 경험이 별로 없거든요. 그렇게 정열적으로 다가오는 사람은 처음이라서, 나도 모르게 그에게 취해버렸습니다."

남녀를 불문하고 중년에 접어든 이후 "그러고 보니 젊었을 때 정열적으로 사랑을 해본 적이 없다"라고 지난 세월을 돌이켜보며 안타까워하는 사람이 적지 않다. 친구로 만나다 남녀로 발전하고, 세월이 지나서 그대로 결혼으로 이어지는 것이 대부분일지도 모른다.

때문에 나이가 들어 정열적으로 유혹하는 사람이 나타나면 갑자기 자신의 가치가 높아진 듯한 기분이 든다. 특히 중년 여성은 뜨거운 말에 약하다. 그만큼 일상생활에서 칭찬을 받거나 유혹을 받는 일이 없기 때문이다. 남편에게 자주 칭찬을 받으면 다른 남자의 유혹에 쉽게 흔들리지 않는다.

그렇게 해서 사랑이 시작되었지만, 15년 사이에 많은 일들이 있었다.

"그동안 시아버지가 돌아가시고 시어머니는 입원한 적이 있어요. 그런 때에도 그는 시간이 맞으면 차로 나를 병원까지 데려다주었지요. 특히 시어머니가 입원했을 때는 퇴근길에 병원에 들렀기 때문에, 그가 병원 근처까지 차를 가지고 와주었어요. 그럴 때에도 남편은 별로 도움이 되지 않았습니다. 아이들까지 나서서

도와주었는데도 남편은 회사 일이 바쁘다면서 늦게 들어오기 일쑤였어요. 아이들이 뭐라고 하자 조금은 반성한 것 같았지만요."

그런 말로 볼 때 남편과의 사이가 특별히 나쁜 것 같지는 않다.

"부부 사이가 좋은 건 아니에요. 남편에게는 이미 기대하지 않으니까요. 기대하면 배신만 당하거든요. 시부모님이 좋은 분이라서 지금까지 살 수 있었다고 생각해요. 남편은 중요한 때 항상 도망쳤거든요."

아이가 학교에 가지 않고 등교를 거부했을 때도 옆에서 다독여준 사람은 시부모였다. 시부모의 따뜻한 사랑에 아이는 엄마에게도 말하지 못한 집단 괴롭힘의 고민을 털어놓았다. 그 즉시, 그녀와 시부모는 담임에게 의논했다. 아이의 반 친구들과도 이야기했다. 그 결과 아이는 다시 학교에 나가게 되고 따돌림도 없어졌다. 하지만 그때도 남편은 신경을 쓰지 않았다.

"남편은 좀 이상한 사람이에요. 모든 일에 당사자 의식이 전혀 없어요. 기업의 연구소에서 일하는데, 연구할 때가 제일 행복하대요. 사람에게는 별로 관심이 없지요."

그녀는 작게 한숨을 내쉬면서 "나쁜 사람은 아니지만요"라고 덧붙였다. 그런 사람과 같이 살면 아내로서는 스트레스가 쌓일 수밖에 없다. 그것을 보완해준 사람이 그였을지도 모른다.

"그동안 그에게도 많은 일이 있었어요. 아내가 병에 걸리기도 하고 아이가 중학교 입시에 실패해서 삐뚤어지기도 하고. 하지만 그는 피하지 않고 제대로 맞서며 대처했지요. 그런 이야기를 들으면 그쪽은 부부가 한마음인 것 같아서 부러워요. 그것 때문에 괴로워서 헤어지자고 한 적이 있어요."

그때 그는 단호하게 말했다고 한다.

"헤어질 수 없어. 난 당신을 사랑하니까. 헤어지고 싶으면 이유를 확실하게 말해줘."

"당신 가정에는 아무런 문제가 없잖아. 아내와도 잘 지내고. 특별히 나를 만날 필요가 없다고."

그녀가 그렇게 말하면서 토라지자 그가 꼭 안아주었다고 한다.

"그래서 화났어? 어린애처럼 토라지지 마."

물론 그녀도 알고 있다. 남녀로서 부부 사이가 좋은 것과 가족으로서 발을 맞춰 나란히 걷는 것은 다르다는 사실을.

다만 혼외연애의 경우, 자신의 부부와 가정 문제를 상대와 비교하는 경향이 있다. 안을 들여다보면 비슷할지도 모르지만 원래 남의 떡이 커 보이는 법이다. 특히 무슨 일이 있으면 부부가 힘을 합치는 모습이 그녀로서는 부러워서 견딜 수 없었다.

"그에게 그렇게 말했더니 '당신은 시부모님이 도와주고 있잖아, 그것과 똑같은 거야'라고 하더군요. 하긴 가족은 가족이니까요. 그래서 더 이상 아무 말도 할 수 없었어요."

그는 따뜻한 성격으로, 그녀의 신경이 날카로워지면 항상 다정하게 다독여준다. 그런 식으로 일주일에 한 번 정도 만나고, 사흘이 멀다 하고 연락하면서 15년이 지났다.

이렇게 오랜 시간을 같이 보내면 상대에게 싫증나지 않을까?

하지만 오래 사귄 사람들의 대부분은 고개를 옆으로 흔든다. 그녀도 그러했다.

"역시 결혼 생활과는 다르고, 서로를 배려하지 않으면 계속 만날 수 없다는 걸 알고 있으니까요. 그래서 그런지 한 번도 싫증난 적이 없어요."

애인이라면 다정하게 대할 수 있다. 배려도 할 수 있다. 그런데 부부가 되면 왜 그렇게 할 수 없는 것일까? 이것이 마음의 기묘한 점이다.

20년 사랑에서 해방될 때

20년이 넘게 만났지만 이제 그만 헤어지려는 여성에게도 이야기를 들을 수 있었다. 마사코 씨(45세)이다.

"그는 나와 띠동갑인데 요즘 눈에 띄게 늙었더라고요. 결혼하기 전부터 만났는데, 지금 돌이켜보면 만약 그가 없었으면 나는 좀 더 행복해지지 않았을까 하는 생각이 들어요. 그럴 때마다 그를 원망하곤 하지요."

그와 헤어지기 위해 스물일곱에 지금의 남편과 결혼했다. 결혼하기 전에 그의 아이를 낙태한 적이 있는데 막상 결혼하니 아이가 생기지 않았다.

"그때 싱글 맘이 되어도 낳았어야 했어요. 지금은 그렇게 생각해요. 물론 결국 내가 강하지 못해서 수술하긴 했지만요. 그때 그 사람이 '아이를 낳으면 다시는 만나지 않을 거야'라고 협박했거든요. 그때는 그렇게 말해도 그가 좋았어요……. 하지만 지금은 내가 그렇게까지 좋아할 남자였던가 하는 생각이 들어요."

그녀의 마음은 충분히 이해할 수 있다. 하지만 아무리 후회해도 지난 세월을 돌이킬 수는 없다. 그 당시는 그가 좋아서 견딜 수 없었으니까. 나는 오히려 지난 20년간 그녀가 인간으로서 성장했다고 생각한다. 그래서 지금의 그를 당시만큼 높게 평가할 수 없는 것이다.

"그럴지도 몰라요. 그는 지금 자회사에 있는데, 예전에 내 상사였을 때는 존경할 수밖에 없었어요. 정말로 일을 잘하는 것처럼 보였거든요. 하지만 지금 생각해보면 그의 방식은 잘못된 것이 많았어요. 그래서 자회사로 밀려난 것이겠지만요. 어쩌면 내 멋대로 이상형을 만들어서 사랑한 게 아닐까, 그런 생각이 들어요."

20년의 세월은 참 무겁다. 당시는 아직 신입사원이라서 일도 제대로 못했지만 지금은 중간관리직이다. 베테랑의 눈으로 보면 그의 실체를 정확하게 평가할 수 있으리라.

사람은 변한다. 상황과 환경도 변한다. 그리고 자신의 마음도 시간과 함께 변한다. 연애는 타성으로 계속하면 안 된다. 집착하고 매달려봤자 좋을 게 하나도 없기 때문이다. 마음이 식으면 서로 해방되어야 할 때가 왔다고 생각하며 순순히 받아들이는 편이 좋다.

그녀의 사랑은 조만간 조용히 막을 내릴 것이다. 그리고 오랜 시간이 흐르면 좋은 추억으로 바뀔 것임이 틀림없다.

4장

성에 눈뜨는 여성들

"

쾌감과 쾌락, 성욕
여성들이 성에 대해 당당해진다

혼외연애를 하는 여성들은 몇 년 전까지만 해도 "그 사람과의 관계에서 제일 중요한 것은 사랑하고 있다는 실감이다"라고 말했다.

그런데 5~6년 전부터 상황이 달라졌다.

"그 사람과의 섹스에서 지금까지 몰랐던 감각을 알게 됐어요. 몸과 마음의 궁합이 너무 좋아서 도저히 못 헤어지겠더라고요."

이렇게 말하는 여성이 늘어난 것이다.

여성들이 성에 대해 당당하게 말하게 된 것은 환영할 만한 일이다. 자신의 쾌감과 쾌락, 성욕을 솔직하게 인정하고 추구하는 것은 결코 나쁜 일이 아니다. 그것이 비록 혼외연애일지라도……

"

처음으로 오르가슴을 알게 되다

지금부터는 여성들의 독백이다.

우선 마유코 씨(42세). 다섯 살 연상의 남성과 결혼한 지 15년째. 외아들은 중학생이다.

그를 처음 만난 것은 여섯 달 전이에요. 피트니스클럽에서 만났지요. 아들이 중학교에 들어가고 한숨 돌리면서 피트니스클럽에 가입했어요. 낮에 요가와 근육 트레이닝 등을 하는데, 그도 주로 낮에 오더군요. 낮에 피트니스클럽에 오는 남성은 많지 않아서, 눈이 마주친 순간 나도 모르게 "회사에 안 가세요?"라고 물었지요.

그는 야간작업을 하는 공장에 다닌다고 하더군요. 근무시간이 불규칙해서 낮에 오는 일이 많다고 하면서요.

그러던 어느 날, 그가 먼저 말을 걸었어요.

"운동 끝나고 시간 있어요?"

그래서 가볍게 맥주를 마시러 갔지요. 그런 다음에는 만날 때마다 운동이 끝나면 가볍게 식사를 하거나 노래방에 가게 됐어요.

그와 같이 있는 게 아주 자연스러웠지요. 나보다 세 살 어리기도 해서 남자라는 느낌은 별로 없었어요. 그렇다고 남성적이지 않은 것은 아니에요. 다만 편하게 이야기할 수 있어서, 남편 이외의 남성과 데이트한다는 의식이 없었지요.

만난 지 두 달쯤 지났을 때였을까요. 여느 때처럼 맥주를 마시고 있었는데, 갑자기 그가 문득 진지한 얼굴로 말하더군요.

"아무도 없는 곳으로 가고 싶어요."

다음 순간, 갑자기 그가 남자로 보이기 시작하더군요. 그가 손을 잡자 가슴이 두근거리면서 심장이 입에서 튀어나올 것 같았어요.

"그래도 되죠?"

그는 내 대답도 듣지 않고 근처에 있는 호텔로 들어갔어요. 꼭 끌려가는 느낌이었지요. 물론 싫지는 않았지만요.

엘리베이터 안에 있는 동안, 그는 계속 나를 껴안아주었어요. 그의 냄새를 맡으면서 내 마음도 조금씩 안정되었지요.

방에 들어서자마자 키스의 폭풍우가 휘몰아쳤어요. 혀가 뒤얽히고 서로의 혀를 빨고…… 그런 키스가 너무나 오랜만이라서, 그것만으로 주저앉을 것 같았습니다.

그가 나를 가볍게 안아서 침대로 데려갔어요. 둘 다 피트니스 클럽에서 샤워를 한 상태라서 그대로 애무를 하면서 옷을 벗기더군요.

"정말 아름다워요."

그의 입에서 그런 말이 몇 번이나 튀어나왔어요. 그때마다 나는 촉촉이 젖어들었지요. 이미 몸도 머리도 마비되어서 아무 생각도 할 수 없었어요. 스스로의 쾌감에 매몰되는 느낌이었지요.

남편과의 사이가 특별히 나쁜 건 아니지만, 아이를 낳은 후에는 거의 섹스를 한 적이 없어요. 가끔 남편이 술에 취해 들어와서 억지에 가까운 상태에서 한 적은 있지만, 그런 때는 하나도 즐겁지 않거든요. 그냥 몸을 빌려주고 있다는 느낌이에요. 그래서인지 결혼하고 나서 섹스를 즐겁다고 생각한 적이 한 번도 없었어요.

그런데 그의 애무를 받는 순간, 몸이 허공에 뜬 것처럼 기분이 좋았어요. 다른 사람이 나를 어루만져주는 것이 이토록 마음이 편해지고, 이토록 흥분이 되는 것이던가요? 그걸 그때 처음 알았습니다.

그가 안으로 들어왔을 때요? 그걸…… 어떻게 말해야 좋을까요……. 처음에는 걱정이 되었지요. 그 부분이 촉촉이 젖기는 했지만 그를 안으로 받아들일 수 있을까 해서요. 그런데 그가 들어온 순간, 눈물이 흘렀어요. 아파서 그런 게 아니라 진심으로 기뻐서요. 난 아직 여자구나, 아직 여자로 살 수 있구나……. 그렇게 생각한 기억이 나요.

첫 혼외연애, 혼외연애의 첫 섹스. 그때 그녀는 자신이 아직 여자라는 사실을 깨달았다고 한다. 실은 이렇게 말하는 여성은 결코 적지 않다. 반대로 말하면 그녀들은 그때까지 여자로서의 자신감을 잃어버렸다고 할 수 있다.

"섹스만 하면 여자로서 자신감을 찾을 수 있는가?"

이렇게 반박하는 사람도 있으리라. 물론 대답은 '노No'다. 섹스만 한다고 되는 것은 아니다. 하지만 남녀관계에서 섹스는 반드시 포함되어야 한다, 성욕을 잃어버린 여성이 아닌 이상.

성性은 삶이고 인생이다. 섹스를 한다고 되는 것이 아니라 섹스를 포함해서 살아 있는 것이라고 할 수 있다. 마유코 씨는 세 살 연하의 남성과 섹스를 함으로써 자신이 그토록 원하던 것이 무엇인지 깨달았다고 한다.

내 몸과 마음은 원하고 있었더군요, 섹스를……. 그런데 그동안 내 욕망을 보고도 못 본 척했습니다. 없는 것으로 생각했어요. 그러는 편이 편하니까. 섹스를 하고 싶은데 할 수 없다고 생각하지 않아도 되니까. 그래서 스스로 포기한 거예요.

그런데 사실은 하고 싶었어요. 그와 하나가 되고 나서 나는 스스로 허리를 흔들고 몸을 움직였어요. 아니, 몸이 멋대로 움직였다고 할까, 도저히 멈출 수 없는 느낌이라고 할까……. 첫 번째 섹스는 다정한 섹스가 아니라 꼭 치열한 경기 같았어요. 하지만 그로 인해 그와 나 사이의 벽이 완전히 허물어지고, 나는 그에게 진심으로 마음을 허락할 수 있었습니다.

그 이후, 그와 침대에 나란히 누워서 서로의 가정에 관해서 이야기했어요. 그쪽도 나와 비슷하더군요. 가정을 깨뜨리고 싶지는 않다, 그렇다고 완전히 가족이 된 배우자와 섹스 같은 생생한 짓은 하고 싶지 않다……. 그에게도 나에게도 가정은 소중하니까요.

"난 사랑을 한 적은 없지만 당신은 정말로 좋아해요."

그는 몇 번이나 그렇게 말했습니다. "내 마음을 의심하지 말아요"라고 덧붙이면서요.

내 마음도 그와 똑같았어요.

"앞으로 무슨 일이든지 서로 의논해요."

그는 그렇게 말하며 나를 꼭 안아주었지요.

그 이후 6개월 정도는 내가 그에게 지나칠 정도로 푹 빠지는 바람에, 만나지 못할 때는 마음의 균형을 잃어버리고 안절부절 못했어요. 하지만 그는 '이제 곧 만날 수 있으니까 조금만 참아요'라고 문자메시지를 보내주었지요.

만나면 헤어지고 싶지 않아서 괴롭지만 같은 피트니스클럽에 다니니까, 오래 같이 있을 수는 없어도 차를 마실 시간은 낼 수 있었어요. 서로의 가정에 무슨 일이 있을 때에는 미리 연락하고요. '오늘은 아들이 감기에 걸려서 운동하러 갈 수 없어요'라는 식으로요.

그의 근무 일정을 알고 있어서 그것에 맞춰서 운동하러 가요. 코치들이 농담으로 "두 분이 참 친하시네요"라고 말할 때마다 "제 남동생 같지요?"라고 대답하곤 합니다.

관계를 오래 유지하는데 가장 중요한 것은 너무 심각해지지 않는 거예요. 그를 만나고 처음에는 내가 굉장히 심각했거든요. 이렇게 해도 될까라든지, 이대로 계속 그를 만날 수 있을까라는 식으로 너무 깊이 생각했지요. 그때마다 그가 "무슨 일이 있으면 같이 생각하면 되잖아요"라고 말해주어서 조금씩 안정되었어요.

그와의 섹스는 점점 더 좋아지고 있어요. 최근에는 내가 "조금 더, 조금 더!"라고 원하게 되어서 그가 혀를 내두르기도 하지요. 이 나이가 되어서 처음으로 오르가슴이란 게 뭔지 알게 되었어요. 온몸이 내려앉는다, 그와 내 몸을 구별할 수 없다, 하나로 녹아든다…… 그런 말도 온몸으로 실감하고 있어요. 그게 얼마나 기쁘고 즐거운지 몰라요. 그에 대한 사랑은 점점 더 깊어지고 있어요.

물론 서로 의견이 다를 때도 있어요. 그렇다고 싸우지는 않아요. 남편은 내가 의견을 말하면 화를 내면서 "당신이 뭘 알아?"라고 버럭 소리를 지르지만, 그는 그렇지 않아요.

"그래요? 내 생각은 이런데요"라고 말해서, 그때부터 또 이야기가 커지지요. 개그에서 정치 이야기까지, 그와는 많은 이야기를 나눌 수 있어서 좋아요.

연애니까, 더구나 혼외연애이고 좋은 면만 보는 상태이니까 싸우지도 않고 더욱 가까워지는 것이라고 말하는 사람이 있다. 하지만 상대를 진심으로 사랑하지 않으면 이런 관계를 쌓을 수 없고, 서로를 진심으로 이해하지 못하면 앞으로 나아가지 못한다.

어쩌면 부부라도 이런 관계가 될 수 있을지 모른다. 하지만 매일 같이 있는 안심감, 반대로 말하면 서로를 알려고 노력하지 않는 매너리즘, 생활과 경제적인 자리가 똑같다는 동지적 감각이 연애 같은 관계를 방해하는 것만은 틀림없는 사실이다. 어쨌든 결혼과 연애는 역시 다르다고 생각하는 편이 좋다.

"

뒤로 돌아갈 수 없는 세계에 발을 집어넣다

혼외연애의 형태도 여러 가지이다. 깊고 조용히 사랑을 키워나

가는 사람도 있고, 성난 파도 같은 나날을 보내는 사람도 있다. 도쿄 교외에 사는 유코 씨(50세)는 결혼한 지 22년째, 스무 살인 딸을 비롯해 세 아이의 엄마이다. 남편은 동갑의 회사원이고, 시어머니와 같이 살지만 그녀는 집에서 피아노 학원을 운영하고 있다.

그런 그녀가 2년 전에 사랑에 빠졌다. 상대는 어느 세미나에서 만난 열다섯 살이나 어린 남성. 그는 당시 기혼자였지만 그 후에 이혼하고 지금은 다시 싱글이다.

결혼하고 나서 연애는 처음이에요. 시어머니와 같이 살아서 그런지, 남편은 아이를 낳고 나자 섹스에 관심을 보이지 않더군요. 남편뿐만 아니라 나도 마찬가지예요. 아이도 키워야 하고, 피아노 학원에도 꽤 학생이 많고요. 시어머니가 집안일을 도와주지 않아서, 새벽 5시부터 다음 날 새벽 3시까지 소처럼 일하는 바람에 항상 피곤에 찌들어 있었지요. 남편도 집안일은 나 몰라라 했거든요. 막내가 중학교에 들어가자 겨우 조금 편해졌어요. 큰딸이 요리를 좋아해서 저녁식사를 만들어주기도 하고요.

그러던 어느 날 한 세미나에 참석해서 그와 눈이 마주쳤는데, 그 순간 머리끝에서 발끝까지 전기가 내달리는 느낌이 들었어요. 그런 일은 난생처음이었지요. 이 사람을 만난 걸 나중에 후회할지도 모른다는 생각이 들 만큼 첫인상이 강렬했어요.

나도 모르게 그를 피하려고 했는데, 그가 먼저 말을 걸어왔어요. 그리고 세미나가 끝나고 간담회를 하는 도중에 빠져나와서 둘이 술을 마셨습니다.

그때 그가 이렇게 말하더군요.

"지금까지 당신 같은 사람을 찾아 헤맨 것 같아요."

나도 모르게 고개를 끄덕였어요. 아아, 어떻게 말하면 좋을까요? 그런 느낌은 정말 처음이었어요. 어쨌든 그 사람을 만나기 위해 지금까지 살았다는 느낌이 들었습니다. 정말 이상하지요?

그리고 그대로 호텔로 갔어요. 내가 그런 일을 하다니, 믿을 수 없었습니다. 그때까지 섹스를 하고 싶다고 생각한 적이 한 번도 없었는데 말이에요. 시간이 있으면 잠잘 궁리밖에 안 했거든요. 하지만 도저히 그를 거부할 수 없었어요. 무서워서 그런 게 아니라 그가 똑바로 쳐다보면 생각이 완전히 멈춰버렸지요. 그런데 그것이 얼마나 기분 좋은지 몰라요.

그가 옷을 하나씩 벗길 때마다 다리 사이에서 애액이 흘러내렸어요. 그는 오랜 시간을 들여서 나의 온몸을 애무해주었지요. 그리고 그가 유두를 깨문 순간, 나는 그대로 절정에 도달했어요. 온몸의 떨림이 멈추지 않더군요. 나중에 그가 그러는데 눈을 희번덕하게 뜨고는 소리를 질렀다고 하더라고요.

실은 그것이 그의 테스트였대요. 그는 정통적인 사디스트로,

한눈에 내가 마조히스트인지 알았다고 하더군요. 나 자신도 그 때까지 몰랐지만, 내가 고통을 좋아하는 마조히스트였던 거예요. 그는 이렇게 말했지요. "당신은 내가 꿈에 그리던 마조히스트야" 라고요. 그리고 그때부터 실험이 시작되었어요. 그는 일단 내 몸을 묶었어요. 나는 완전히 자유를 빼앗긴 채, 그 사람만이 나를 마음대로 할 수 있었지요.

유코 씨는 그 시점에서 말을 멈추었지만 나는 어떤 식으로 실험을 했는지 조금씩 캐물었다. 그랬더니 이런저런 방식으로 묶기도 하고, 그곳에 바이브레이터를 집어넣은 적도 있다고 털어놓았다. 원거리에서 조작할 수 있는 바이브레이터를 질 안에 넣은 채, 속옷도 입지 않고 도서관 안을 돌아다닌 적도 있다고 한다.

나는 특히 밧줄이 주는 통증을 좋아해요. 밧줄로 몸을 묶으면 온몸이 녹아내리는 것 같아요. 집에 가서 밧줄의 흔적을 보면 그를 만나고 싶어서 견딜 수 없지요. 이게 사랑인지 아닌지는 잘 몰라요. 하지만 그는 나에게 무엇과도 바꿀 수 없는 소중한 존재예요. 내 쾌감을 끌어내준 사람이니까요.

나는 평범한 섹스는 별로 좋아하지 않아요. 하지만 밧줄은 좋아해요. 밧줄에 묶인 채, 그가 바이브레이터를 넣는 것도 좋아해요.

그런데 얼마 전에 만났을 때 그가 이렇게 말하더군요.

"밧줄에 묶인 채 넋이 나간 당신의 모습을 친구에게 보여주고 싶군. 그래도 될까?"

그 말에는 당황할 수밖에 없었어요. 그런 모습을 다른 사람에게 보이다뇨, 부끄러운 건 차치하더라도 무슨 일이 벌어질 줄 알고요. 그런데 그는 "걱정 마, 입이 무거운 사람이니까"라고 하더군요. 그래서 결국 승낙하고 말았어요.

며칠 후, 그는 나를 애무하면서 하나씩 옷을 벗겼지요. 그 모습을 그와 같이 온 남성이 말없이 지켜보고 있었어요. 그 남성은 50세 정도의 품위 있게 생긴 신사였는데, 그의 진지한 표정에 나도 모르게 흥분해서…… 온몸에서 땀을 뚝뚝 떨구었지요.

밧줄로 몸을 묶었을 때 가볍게 현기증이 일면서 침을 흘릴 뻔했어요. 그는 나를 밧줄로 묶은 다음 키스를 하고 나서 바닥에 굴렸어요. 그런 다음에 그와 신사가 작은 목소리로 뭐라고 말하더군요. 그러더니 신사가 내 가슴을 애무하기 시작했어요. 그만두라고 하고 싶었지만 그의 시선을 느끼고 아무 말도 할 수 없었어요. 그가 빤히 쳐다보자 견딜 수 없을 만큼 온몸에 희열이 솟구쳤거든요…….

그 신사가 내 아랫도리에 손을 내밀었어요. 그러자 그가 밧줄을 풀고, 뒤에서 나를 껴안아서 일으켰지요. 신사는 아랫도리만을 벗고 나에게 삽입을 했어요. 뭐가 뭔지 모르는 사이에 그렇게 되었지요. 더구나 나는 삽입한 순간에 절정에 도달했어요. 그 신사는 매우 오래 하는 사람으로, 나는 몇 번이나 희열을 맛보았지요.

그는 뒤에서 내 다리를 벌리게 한 채, "뭐야? 이렇게 수치스런 모습으로 느끼는 거야?"라고 말하더군요. 그 말을 들으니 온몸이 짜릿할 만큼 흥분이 되었어요.

신사가 먼저 가고 나서 그는 나에게 채찍질을 했어요. 채찍은 처음이었지만 채찍을 맞는 것이 좋아서 견딜 수 없었지요. 그때 깨달았어요. 난 이미 돌아갈 수 없는 세계에 발을 내디뎠다는 것을…….

SM 플레이를 할 수 있는 것도 일종의 재능이다. 나에게는 그런 재능이 없어서 그 세계에는 발을 들이지 못했지만…….

이런 경우에 그는 좋은 파트너일지도 모른다. 어쨌든 그녀는 그를 뜨겁게 사랑한다. 그리고 그 감정보다 더 강한 '그에게 복종하고 싶은 마음'이 가득하다. 그것이 충족되는 이상 그에게서 벗어나기는 어려우리라.

그런데 최근 가족끼리 식사할 때, 시어머니가 빈정거리더군요.

"요즘 우리 며느리가 아주 젊어졌구나. 좋은 사람이라도 있는 거 아니니? 외출도 자주 하고 말이야."

그러자 남편이 코끝으로 비웃더군요. 그는 내가 밖에서 남자
를 만나고, 더구나 그런 SM 플레이까지 한다는 것은 상상도 못
하겠지요. 자신의 아내는 여자가 아니니까 남자를 만날 리 없다
고 생각하는 것 같아요.

나는 마음속으로 남편에게 자랑하고 싶었어요.

'난 지금 당신이 모르는 사람과 당신이 상상도 못 할 짓을 하
고 있어'라고요. 남편에게 특별한 원한은 없지만 순간적으로 그
런 마음이 들었어요.

"난 지금 온몸이 멍투성이예요."

그녀는 그렇게 말하더니 소매를 걷으며 팔을 보여주었다. 그와
SM 플레이를 한 탓인지 팔에는 희미하게 밧줄 자국이 있고, 채찍
질을 당했을 때 생긴 붓기도 남아 있었다. 하지만 그 자국을 보면
서 그녀의 눈은 촉촉하게 젖어들었다.

요즘은 채찍질이 좋아서 견딜 수 없다고 한다. 그와는 호텔에
서 만나 식사를 하는 경우도 있다. 하지만 식사만 하고 헤어지는
일은 없다. 시간이 없으면 진한 플레이만 하고 헤어진다. 식사보
다 플레이가 우선이다. 그녀는 그의 직업도 모른다. 다만 호텔비
는 항상 그가 낸다.

이혼한 것은 알지만 그것은 그녀와 관계없는 일이라고 한다. 그녀를 만나기 훨씬 이전의 일이라는 것이다.

"자극이 없는 결혼 생활에 견디지 못했을지도 모르지요."

그녀는 혼잣말처럼 이렇게 말했다. 어쩌면 그에게는 그녀 말고도 여자가 있을지 모른다. 나는 심술궂게 그렇게 말해보았다.

"글쎄요, 나도 그렇게 생각한 적이 있어요. 하지만 싱글이니까 있어도 되지 않을까요?"

그녀는 그렇게 말하면서 눈물을 글썽였다. 그에 대한 마음이 매우 복잡한 것이리라.

"솔직히 말해서 이런 관계를 연애라고 할 수 있을지 모르겠어요. 그는 지금 날 가지고 노는 걸 수도 있고요. 다만 그가 이렇게 말한 적이 있어요. '당신과 나처럼 완벽하게 맞는 상대를 만나는 것은 거의 불가능'하고요. 내가 지금 그를 사랑해서 복종하는 것인지, 플레이 자체를 좋아하는 것인지는 잘 모르겠어요. 플레이 자체를 좋아한다면 그가 아니라도 상관없겠지요. 어쨌든 나는 지금 그를 좋아하고 이것이 사랑이라고 생각하지만, 곰곰이 생각하면 마음이 복잡해져요."

그녀만큼 본격적이지는 않더라도 혼외연애를 하는 사이에 SM 플레이에 빠지는 여성은 적지 않다. 원래 가지고 있던 소질이 상대에 의해 밖으로 드러나는 것이리라. 누구나 자신이 몰랐던 세계에 발을 집어넣으면 쉽게 빠져나올 수 없을 것이다.

"

남편과 하지 못했던 이상적인 섹스를 하다

연애 상대에 의해 자신의 성적욕구를 충족하는 여성도 있다.

가나코 씨는 올해 마흔일곱으로, 두 살 많은 남성과 사내연애를 통해 결혼했고 올해로 20년째를 맞았다. 둘 사이에는 고등학생과 중학생 딸들이 있다.

4년 전부터 파트타임으로 일하기 시작했는데, 그 직장에 다니는 남자와 사랑에 빠졌다. 상대는 세 살 연하. 그에게는 아들이 두 명 있다.

남편은 나쁜 사람이 아니지만, 아마 오랫동안 같이 살면서 서로에게 너무 익숙해졌나 봐요. 아무리 노력해도 남자로 보이지 않더라고요. 가끔 섹스를 하지만 둘 다 어딘지 모르게 의무적으로 하는 듯한 느낌이에요. 무리해서 할 필요는 없지만 그래도 하지 않는 것보다 낫겠지요.

40대에 접어들면서 성욕이 강해졌는지, 가끔 견디지 못할 만큼 하고 싶을 때가 있어요. 그런 때는 욕실에 들어가 물을 최대로 틀어놓고 샤워기를 그 부분에 대거나 직접 손가락을 넣기도 해요. 그래도 성욕은 충족되지 않아요.

내가 원하는 건 충분히 애무를 한 뒤 삽입하고, 그런 다음에도 상대가 크게 움직이는 게 아니라 계속 시시덕거리면서 장난치듯 하는 섹스라고 할까요? 그러기 위해서는 시간도 필요하고 나름대로 분위기도 필요하잖아요. 집에서 남편과 하기는 쉽지 않지요.

남편과 이야기한 적도 있는데, 남편은 원래 담백한 편이에요. 재빨리 애무하고 재빨리 삽입하고 재빨리 끝내죠. 아마 내 기분이 어떤지는 생각하지 않을 거예요. 나에게 성욕이 있다는 것도 모르지 않을까요? 가끔 다리에 힘이 없을 만큼 성욕에 시달리고 있는데도요…….

4년 전부터 슈퍼마켓에서 일하고 있어요. 상품을 정리하고 진열하면서, 어떻게 하면 손님이 상품을 집어 들지 연구하는 일이지요. 동료들과 머리를 맞대고 아이디어를 짜내면서 일하는 게 즐거워요.

그 슈퍼마켓의 남자 직원과 최근 3년 정도 사귀고 있어요. 내가 먼저 유혹했다고나 할까요? 직접 유혹한 것은 아니지만 내가 굶주리고 있다는 것을 그가 눈치챘어요.

3년 전의 송년회에서 우연히 그의 옆자리에 앉았어요. 나 같은 파트타임 직원에게나 손님에게나 항상 정중하게 대하는 사람으로, 예전부터 좋은 사람이라고 생각했지만 정식으로 이야기를 나눈 것은 처음이었지요. 그때 가족 이야기가 나와서 나도 모르게 이런 이야기를 했지요.

"우리 집은 이미 남녀가 아니에요."

그러자 그는 웃으면서 "우리 집도 그래요"라고 대꾸했지만, 나중에 들어보니 그때 내 표정이 굉장히 애절했다고 하더군요.

그로부터 며칠 후, 그가 식사하러 가자고 했어요. "지난번에 하던 얘기를 마저 할까요?"라면서요.

내가 일하는 슈퍼마켓은 교대로 일하거든요. 그날은 출근하지 않아도 되지만 야간 팀이라서 밤에 일하러 가야 한다고 했어요. 그런 경우에 우리 집은 미리 간단히 준비해두면 딸들이 알아서 저녁을 차려 먹지요. 힘들지 않느냐고 나를 위해주는 딸들에게 마음속으로 미안하다고 하면서 그를 만나러 갔어요.

그가 우리 집에서 세 개 떨어진 역까지 차를 가지고 와서, 그 차를 탔지요.

"당신과 같이 가고 싶은 곳이 있어요. 아무 말도 하지 말고 같이 가줘요."

그리고 호텔로 가더군요. 그렇게 되지 않을까 하는 예감이 있긴 했어요. 그와 함께라면 그렇게 되어도 좋다고 생각했고요. 솔직히 말하면 그때는 누구라도 좋았을지 몰라요. 나를 채워주기만 한다면.

그와의 섹스는 최고였어요. 내 이상과 똑같았지요. 그는 손과 혀를 이용해서 몇 번이나 절정을 맞이하게 해주었어요. 내 몸이 그렇게 예민하게 느끼는지 처음 알았지요. 그 후에는 몸이 민감해져서, 그가 어디를 만져도 나도 모르게 신음이 새어나올 만큼 느끼고 있어요.

꼬박 네 시간 동안 방 안에 있었어요. 그동안 우리는 오직 서로의 몸만을 탐닉했지요. 나도 그의 몸을 애무해주었어요. 내가 먼저 상대를 애무해준 적은 한 번도 없었지만, 그에게는 해주고 싶더라고요. 몹시 서툴고 어색했겠지만 그는 "좋아, 행복해"라고 말해주었지요.

호텔에서 나올 때는 둘 다 다리가 휘청거릴 정도였어요. 그 후에 가볍게 식사를 하고 겨우 대화를 했어요. 그때까지는 몸으로 대화를 했다고나 할까요? 말로 하는 대화도 즐겁더군요.

그는 다시 세 개 떨어진 역까지 데려다 주고, 나는 전철을 타고 집에 왔지요. 11시쯤 되었을 거예요. 딸들은 이미 잠들었고, 남편은 아직 들어오지 않았더군요. 안도의 한숨을 내쉼과 동시에 앞으로 어떻게 될까 생각했던 기억이 나요. 다만 그때는 세포 하나하나까지 기쁨으로 가득 차고, 온몸의 구석구석까지 촉촉함으로 채워졌어요. 커다란 행복에 감싸인 채 강렬한 잠의 습격을 받으며, 남편에게는 미안하지만 먼저 잠들었지요.

하지만 그 이후 그녀는 깊은 갈등에 시달린다. 앞으로도 계속 황홀한 섹스와 즐거운 대화를 해도 될까. 딸들이 알게 되면 무서운 일이 벌어지리라. 그것을 알면서 계속 만나도 후회하지 않을까?

성욕이 모든 욕구의 위에 있는 것은 아니지만, 이런 경우에 대부분의 여성은 상대와의 관계를 끊지 못한다. 성에 굶주린 여성에게 가슴이 벅차오르는 기쁨은 무엇과도 바꿀 수 없는 소중한 경험이다. 성숙한 여성이라면 더욱 그러하다. 그녀의 말처럼 세포 하나하나가 잠을 깨고 생생해지는 듯한 기쁨, 뇌가 충족되는 듯한 형용할 수 없는 희열. 그런 느낌을 한 번 맛보면 한 번만 더, 한 번만 더 하고 계속 손을 내미는 것은 어쩔 수 없을 것이다.

한때는 그와 매일 섹스한 적이 있어요. 매번 비싼 비용을 지불하고 호텔에 갈 수는 없으니까 그의 차 안에서 한 적도 있지요. 어느 낡은 건물의 화장실에서 한 적도 있고요. 꼭 발정 난 암캐 같았지요. 그가 나의 욕정을 채워주지 않으면 잠시도 견딜 수 없었어요. 그도 용케 내 욕정을 채워주었지요. 물론 그는 "당신과 섹스하는 게 너무 좋아서 못 견디겠어"라고 말했지만요.

그 당시에는 집안일도 거의 하지 않았어요. 집에서 식사 준비를 할 때도 발이 땅에 닿지 않고, 마음은 허공을 헤매는 듯한 느낌이 들었습니다. 그것이 겨우 안정된 것은 3개월쯤 지난 다음이었어요. 그때까지 남편과의 섹스에서 느낀 적은 한 번도 없으니까 어쩌면 한꺼번에 충족시키려고 했을지도 모르지요.

성감이라는 것은 참 신기해서, 계속 더 강한 자극을 추구하게 되더군요. 그와 함께라면 더 느낄 수 있을 것 같았거든요. 지금까지 계속 그렇게 생각해왔고, 지금도 그렇게 생각해요.

최근에는 성감이 점점 깊어지고 있어요. 한번 깊은 오르가슴을 느끼면 이틀 정도는 축 늘어져요. 물론 기분 좋은 피로감이지만, 그래서인지 매일 하고 싶다는 생각은 들지 않아요.

이상한 이야기지만 몸이 점점 민감해지고 있어요. 그가 안으로 들어와서 한 번 푹 찌르기만 해도 온몸에 경련이 일어요. 예전에는 잡지 등에서 그런 이야기를 읽으면 정말일까 하고 고개를 갸웃거렸지만 지금은 그 말을 믿어요. 여자의 몸은…… 성적 쾌감은 정말 굉장해요!

그는 가끔 이렇게 말해요.

"언젠가 내가 할 수 없는 날이 오면, 당신은 내 곁을 떠날 거야"라고요.

글쎄요, 나도 잘 모르겠어요. 한 번도 생각해본 적은 없지만 과연 섹스를 할 수 없어도 혼외연애를 할까요? 오랫동안 만나서 점점 할 수 없게 되는 과정을 본다면 또 몰라도, 갑자기 어떤 사정으로 그가 할 수 없게 된다면…… 계속 그를 만날까요? 이런 생각을 하는 것은 내가 그를 진심으로 사랑하지 않기 때문일까요? 애초에 몇 살까지 섹스할 수 있을까요?

섹스를 못하게 되면 혼외연애 커플은 어떻게 될까? 혼외연애가 늘어나는 가운데, 이것은 앞으로 중요한 과제가 될지도 모른다. 그녀의 말처럼 일상생활을 같이 하지 않는 만큼 혼외연애에서는 섹스의 비중이 높다. 법으로 얽매여 있는 것도 아니기 때문에 헤어지기도 어렵지 않다. 따라서 슬픈 일이지만 섹스를 할 수 없으면 자연히 멀어지는 커플이 많을 것이다.

애초에 인간은 몇 살까지 섹스를 할 수 있을까? 알몸으로 꼭 껴안기만 한다면 나이와는 관계가 없지만, 삽입까지 생각하면 남성이 발기할 수 있느냐 없느냐에 달려 있으리라. 이것은 개인차가 상당히 클 것 같다. 70대에도 발기하는 사람이 있고, 50대에도 안 된다고 한탄하는 사람이 있다. 하지만 지금은 좋은 약이 많기 때문에 건강에 신경을 쓰면 상당히 오랫동안 즐길 수 있으리라.

여성들 중에는 80대에도 섹스하는 사람이 있다고 한다. 다만 폐경 이후에는 정기적으로 섹스하는 것이 중요하다고 한다. 만약

30년 만에 80세에 섹스하려고 하면, 이미 질이 약해져서 하기 힘들다는 것이 의사의 판단이다. 즉, 평소에 계속 섹스를 하면 나이를 먹어도 유지할 수 있다는 것이다.

인간의 성욕은 줄어들지 않는다고 한다. 성욕이 그대로 성행동으로 이어지는 것은 아니지만, 멋진 이성을 보고 가슴이 설레거나 이성의 손을 잡고 가슴이 두근거리는 일은 죽을 때까지 멈추지 않는 것이다. 나이를 먹어도 그런 감정으로 사는 것은 나쁘지 않으리라.

최근에는 딸들이 한창 사춘기라서 조심하고 있어요. 그를 만날 때에도, 만난 다음에도요. 한번은 그를 만나고 집에 왔을 때 고등학생 딸이 이렇게 말하더군요.

"엄마, 요즘 굉장히 예뻐졌어. 얼굴에서 빛이 나."

그 말을 듣고 흠칫 놀랐어요.

가족에게는 아무 죄도 없으니까 딸들이나 남편에게는 알려지지 않도록 해야겠지요. 하지만 이제 그와는 헤어질 수 없어요. 만약 가족에게 들키면 어떻게 할까 하는 얘기를 그 사람과 한 적은 없어요. 다만 내 마음속에서는 절대로 들키지 않겠다고 결심했어요.

들키면 어떻게 할지 생각하는 것이 혼외연애의 위기관리이지만, 대부분의 커플은 그것에서 눈을 돌린다. 한 번 생각하면 끝없는 수렁에 빠질 수 있으니까. 그리고 불안에 시달리면 마음 편히 사랑을 즐길 수 없으니까.

혼외연애 커플들을 보고 내가 가장 우려하는 것은 위기감이 없다는 점이다. 실제로 배우자에게 들킨 경우는 적지 않다. 그래도 그들은 위기의 순간을 생각하지 않으려고 한다. 그들의 이야기를 들으면서 지금은 나도 어쩔 수 없다고 이해하게 되었다.

모든 사랑에는 어딘지 모르게 애절함이 떠다니지만, 혼외연애인 경우에는 특히 더 그렇다. 상대를 아무리 사랑해도, 사소한 일로 주변에 들키기라도 하면 그 관계는 쉽사리 깨지게 된다. 두 사람을 묶고 있는 끈이 어이없을 만큼 약한 것이다. 그것을 알고 있기에 일부러 들켰을 때를 생각하지 않는다. 얼버무릴 수 있다면 얼버무리지만, 도저히 빠져나갈 수 없을 때는 어떤 변명도 소용없다는 체념 같은 것이 느껴진다.

가나코 씨는 이제 겨우 3년째. 아직 그와의 섹스에 질리지 않고, 계속 같이 있고 싶다고 말하면서 눈을 반짝거렸다. 그러면서도 가족을 버리면서까지 같이 살고 싶지는 않다, 지금 이 상태에서 사랑을 완성할 수 있다면 그보다 더 큰 기쁨은 없을 거라고, 그녀는 진지한 얼굴로 말했다.

❝
여자로서 살아 있기를 잘했다

여성들의 고백을 듣고 있으면 너무나 안타까울 때가 있다. 혼외연애를 통해 비로소 자신을 찾게 되었다는 여성이 너무도 많은 것이다. 그렇다면 그 이전의 삶은 무엇이었을까?

구미코 씨(45세)도 그중 한 사람이다. 열 살 많은 남성과 선을 보고 결혼한 지 20년, 열여덟 살과 열다섯 살짜리 아들과 열 살짜리 딸이 있다. 시부모와 시누이까지 포함해서 가족은 모두 여덟 명. 남편은 샐러리맨이지만 시부모는 농사를 짓고 있다. 그녀는 집안일을 하면서 시부모의 농사일을 도와주고, 그 지역 부녀회에서 나물도 팔고 있다.

시부모님은 농사일 이외에 집안일에는 전혀 손을 대지 않아요. 이혼하고 집으로 돌아온 시누이는 시부모님에게 용돈을 받아 시내에 나가서 놀기만 하죠. 가끔 술집에서 아르바이트를 하는 것 같지만, 연락도 없이 외박을 하지 않나 빨아달라고 하면서 빨랫감을 잔뜩 내놓지 않나, 이기적이기 짝이 없어요.

가족들은 나를 이 집안의 가정부로 생각하는 것 같아요. 아침부터 밤까지 집안일에 애들 뒷바라지에 농사일에 나물 파는 일

까지, 하루 종일 눈코 뜰 새가 없어요. 딸이 태어나고 나서 남편
과는 한 번도 한 적이 없으니까 섹스리스가 된 지 10년쯤 되었네
요. 남편은 밖에서 적당히 노는 것 같아요. 하지만 질투할 마음조
차 생기지 않더군요.

그러다 1년 전에, 오토바이를 타고 우리 마을에 여행 온 남자
를 알게 되었어요. 이웃 현縣에 사는 남자였지요. 길을 잘못 들었
다고 해서, 내가 차를 끌고 안내해주었어요. 마침 시간이 있었거
든요. 큰길까지 나갔을 때, 그가 고맙다고 하면서 차라도 한잔하
자고 하더군요. 누가 볼까 봐 걱정이 되었지만, 차 마시는 것 정
도는 괜찮다고 생각하며 사람이 별로 없는 커피숍으로 갔어요.

잠시 얘기하려고 했는데 문득 시계를 보니 두 시간이나 지났
지 뭐예요. 황급히 집에 갈 채비를 하자 그가 이렇게 말하더군요.

"또 만날 수 있나요?"

그는 나와 동갑이고, 물론 가정도 있었어요.

"당신과 마음이 잘 맞는 것 같아서 좀 더 얘기를 하고 싶군요."

그의 웃음이 너무도 상쾌해서, 나도 경계심을 풀고 휴대폰 번
호와 메일 주소를 주었지요.

그다음에 만난 것은 한 달 후였어요. 이번에는 그가 차를 가지
고 왔습니다. 난 그날 그를 만나기 위해서 열심히 시간을 만들었
어요. 시부모님께는 부녀회에 손님이 온다고 거짓말을 하고요.

나중에 들킬지도 모르지만 그때는 그때라고 생각하고, 고등학교 때 친구가 놀러 와서 어쩔 수 없었다는 핑계까지 만들어두었지요. 그 후에도 가족들에게는 계속 거짓말을 하고 있어요.

하지만 그를 만나서 그의 웃음을 보자 거짓말을 하고라도 나오기를 잘했다는 생각이 들더군요. 두 번째 만났을 때는 그의 차를 타고 조금 멀리 떨어진 강가에 가서 이야기를 나누었어요. 그런데 아무리 말을 해도 대화가 끊이지 않더군요. 나는 그에 대해서 알고 싶고, 그는 나에 대해서 알고 싶어 했어요. 남편조차 나에 대해서 알려고 하지 않는데 말이에요. 그게 참 좋더라고요. 심장이 쿵쾅거리는 소리가 너무 커서 당황할 정도로요.

잠시 후, 그는 차로 돌아가서 말없이 달리더니 가장 가까이에 있는 러브호텔로 들어갔어요. 망설이는 나를 보고 "당신의 온기를 느끼고 싶어요"라고 하더군요. 그 눈빛이 너무도 진지하고, 그리고 나를 간절히 원한다는 사실에 감동해서 그를 따라 안으로 들어갔어요.

그런 다음에는…… 지금 생각해도 부끄러워요. 키스만 했는데도 그 자리에서 흐물흐물 녹아내렸지요. 벌써 10여 년이 넘게 섹스를 하지 않았으니까요.

이 사람에게 나는 여자다. 이 사람은 나를 여자로 대하고 있다. 이 사람을 통해서 나는 여자가 되었다…….

그 기쁨은 말로 표현할 수 없을 정도예요.

난 그때까지 남자와 제대로 사귄 적이 없거든요. 고등학교를 졸업하고 취직을 했지만, 친정엄마가 쓰러지고 나서 직장을 그만두었어요. 엄마가 돌아가신 다음에 아빠가 "너에게 정말 미안하다, 엄마 때문에 네 인생도 포기하고…… 네가 너무 안쓰럽구나"라고 하면서 가져온 것이 지금 남편과의 맞선이었어요. 그대로 집에 있을 수도 없고, 그렇다고 경력이 별로 없으니까 취직하기도 힘들었어요. 그래서 선을 보고 결혼했어요. 지금 와서 생각하면 내 인생에 너무 무책임했던 거죠.

시댁에서 내게 원한 것은 집안의 대를 이을 자식과 노동력이었어요. 첫 아들을 낳자 시어머니가 뭐라고 말했는지 아세요? "최소한의 의무는 다했군"이라고 했어요. 그 말이 지금도 똑똑하게 기억나요. 얼마나 무서운 말인가요? 하지만 난 큰아들을 이곳에 묶어두고 싶지 않아요. 큰 도시에 가서 본인이 원하는 대로 살았으면 좋겠어요.

아, 호텔에서 어떻게 했느냐고요? 그건 부끄러워서 좀……. 솔직히 말하면 너무 오랜만이라서 그곳이 젖지 않을까 봐 불안했어요. 하지만 그가 천천히 부드럽게 애무해준 덕분에 걱정할 필요가 없었지요.

그가 안으로 들어온 순간 "아아, 살아 있기를 잘했다"라고 진심으로 생각했어요. 여자라서 다행이다, 그를 만나서 다행이다, 나는 이제 살아갈 수 있다……. 그런 말들이 머릿속에서 떠올랐어요. 섹스에 익숙하지 않아서 처음에는 좋은지 나쁜지도 잘 몰랐어요. 다만 굉장히 기뻤다는 것과 온몸이 건강해진 듯한 느낌이 들었어요.

하지만 힘든 건 그다음부터였어요. 우린 두 달에 한 번밖에 만날 수 없는데, 그때 만나기 위해서는 일주일 전부터 복선을 많이 깔아두어야 하죠. 친구들을 등장시키거나 먼 친척을 죽이거나……. 하지만 어떻게 해서라도 그를 만나고 싶었어요. 내가 유일하게 나로 있을 수 있는 시간이니까요.

그에게는 내가 집 안에서 절망하고 있다는 말은 하지 않았어요. 대화의 구석구석에서 언뜻 나왔을지 모르지만 대놓고 그런 말을 하면 곤란할 테니까요. 그도 "우리 집에도 이런저런 문제가 있어요"라고만 말했지, 구체적으로 무슨 문제가 있는지 말한 적은 없어요. 둘 다 가정은 결코 마음 편한 곳이 아닐지도 몰라요. 하지만 둘이 있을 때는 서로의 눈을 바라보면서, 그 시간만이라도 의미 있게 보내려고 해요.

그녀는 올해 45세. 아직 이르기는 하지만 슬슬 갱년기를 의식할 나이에 접어들었다. 이 시기에 하는 사랑은 여자의 몸과 마음을 젊게 만들어준다. 실제로 이미 폐경이 된 줄 알았는데, 연애를 시작했더니 생리가 돌아왔다는 여성도 적지 않다. 사랑이 여성의 몸과 마음에 얼마나 큰 영향을 미치는지는 짐작할 수 있으리라.

그녀는 평소에 아무도 자신을 인정해주지 않는다는 불만을 가지고 있었다. 가정주부라면 누구나 가지고 있는 불만이다.

어떤 일을 해도 칭찬해주는 사람이 없다, 아무리 열심히 일해도 가족이나 친척은 알아주지 않는다……

아무도 이해해주지 않거나 아무도 인정해주지 않는다는 감정은 상상 이상으로 사람의 마음을 갉아먹는 법이다. 아무리 밑바닥에 가족으로서의 신뢰감이나 안심감이 깔려 있다고 해도.

앞에서도 말했듯이 사랑은 승인 욕구를 충족시킬 수 있는 최고의 행위이다. 때로는 신처럼 보이고 때로는 절대자처럼 보이며 때로는 최고의 이성으로 보여서 입에 침이 마르도록 찬사를 보내는 것…… 그것이 사랑이니까. 그러다 마음이 차갑게 식으면 "왜 그런 사람에게 그렇게까지 빠졌을까?"라고 후회하기도 하지만, 사랑에 빠졌을 때는 아무것도 보이지 않는다. 그것이 반하는 것이고 사랑의 마법인 것이다.

그를 만날 수 있기에, 다음에 또 만날 수 있다고 믿기에 매일 열심히 일할 수 있게 되었어요. 지금도 이 집은 나를 가정부라고 생각하지만 이제 아무래도 상관없어요.

시부모님이 돌아가시고 아이들이 독립하면 이 집을 떠날까 해요. 혼외연애와는 관계없어요. 실제로 그렇게 할 수 있을지 없을지는 아직 모르겠지만, 이 집을 떠날지 말지 선택하는 사람은 나라고 생각할 만큼 강해졌어요.

며칠 전에 그가 혼잣말처럼 중얼거리더군요.

"언젠가 같이 살 수 있다면 좋겠어."

그런 날이 올지 안 올지는 잘 모르겠어요. 하지만 나도 이렇게 대답했어요.

"서로 가족에 대해 책임을 다한 날이 오면 그렇게 하자."

그러자 나를 꼭 안아주더라고요. 구체적인 계획을 이야기한 것은 아니지만 어쨌든 서로 그런 마음을 가지고 있다는 걸 확인함으로써 좀 더 힘을 낼 수 있게 됐지요.

내가 항상 웃으면서 열심히 일하기 때문인지, 최근 들어 아이들의 표정이 밝아졌어요. 시아버지는 여전히 어떤 일에도 무관심하고, 시어머니는 여전히 사사건건 빈정거려요. 예전 같으면 시어머니의 잔소리에 풀이 죽었을 텐데, 지금은 한 귀로 흘려보내곤 해요. 그랬더니 시어머니도 최근에는 쓸데없는 잔소리를 하지 않더군요. 남편도 뭔가 느낀 걸까요?

"요즘 들어 기분이 좋은 것 같군."

난 그냥 "그래요?"라고 하면서 슬쩍 받아넘겼지요.

네, 우리 집에서는 남편에게 존댓말을 사용해요. 요즘 세상에 남편에게 존댓말을 쓰는 사람은 별로 없을 거예요. 나이도 많은 데다가 선을 보고 제대로 사귀지도 않은 채 결혼해서 그런지, 지금도 남 같은 느낌이 들어요.

그런데 그 사람과는 스스럼없이 대등하게 말할 수 있어요. 머릿속에 있는 생각이 순순히 말이 되어서 나오는 거예요. 그게 얼마나 기쁜지 몰라요.

몸의 감각이요? 할 때마다 좋아지는 것 같아요. 며칠 전에는 드디어 '한다'는 느낌을 실감했어요. 온몸에서 땀이 솟구치면서 가슴이 핑크빛으로 물들고, 머릿속이 새하얘지더군요. 몸이 감전된 듯한, 몸의 전기가 빠져나가는 듯한 느낌이라고 할까요? 그걸 알아버렸으니 난 이제 끝이에요. 어쩌면 모르는 편이 나았을지도 모르죠……. 그 쾌락의 매력이라고 할까 마력이라고 할까. 그것을 맛본 이상, 다음에도 그를 만날 수밖에 없으니까요.

그도 깜짝 놀라더군요.

"이렇게 강렬하게 느끼다니, 정말 굉장해! 더 많이 느끼게 해주고 싶어."

육체만이 아니라 마음도 일치하지 않으면 그렇게 되지 않겠지요.

성의 절정을 남편과의 사이에서가 아니라 애인과의 사이에서 처음 알게 된 여성은 결코 적지 않다. 그 순간을 그녀들은 여러 가지 말로 표현한다.

"내 몸이 내 것이 아닌 듯한 느낌이 들었다."(50세)

"상대와 마음 깊은 곳에서 하나가 된 감각이었다."(42세)

"온몸이 녹아내려서 그와 하나가 된 느낌이 들었다."(43세)

"어디론가 납치되는 듯한 쾌감이 발끝까지 퍼져나갔다. 쾌감이 너무나 강렬해서 무서울 정도였다."(45세)

"이 나이에 처음으로 몸이 산산조각 나는 듯한 쾌감을 느꼈다. 굉장했다."(56세)

모두 강렬한 감각을 자연스럽게 받아들였다.

그런 기쁨을 나눌 수 있는 상대를 어찌 사랑하지 않을 수 있으랴.

혼외연애에는 일반적으로 부정적인 이미지가 따라다니게 마련이다. 그러나 혼외연애를 '최고의 쾌락과 쾌감을 나눌 수 있는 관계'라고 하면 그 누가 비난할 수 있을까.

여자로 태어난 이상, 대부분의 여자들은 성적인 절정을 맛보고 싶어 한다. 그곳에는 일종의 집착까지 느껴진다. 물론 이런 것에 관심이 없는 사람은 '그렇게까지 성에 집착하다니, 제정신이 아니군' 하고 생각한다는 것을 알고 있다. 하지만 나는 절정을 맛보고 싶어 하는 사람의 마음을 충분히 이해할 수 있다. 그런 쾌감을

남편에게 얻을 수 없다면 다른 곳에서 얻어도 좋지 않을까. 물론
적극적으로 추천하는 것은 아니지만.

5장

혼외연애하는 남성들

"

남자의 속마음,
　　마음이 통하는 상대와 진실한 사랑이 하고 싶다

"

혼외연애를 하는 남성들은 예전부터 많았다. 사람들은 그것을 바람이라고 부르고, 바람은 남성의 능력으로 생각하던 시대도 있었다. 하지만 요즘 남성들은 진지한 얼굴로 마음이 통하는 상대와 진실한 사랑을 하고 싶다고 말한다. 젊은 여성을 만나고 싶다는 남성은 눈에 띄게 줄어들었다. 불특정 다수의 여성에게 인기가 있기보다 한 사람이라도 좋으니까 진심으로 신뢰하고 속마음을 털어놓을 수 있는 상대가 필요하다고 힘을 주어 말한다.

여기에서는 그런 남성들의 속마음을 알아보기로 한다.

“
남성들이 마음의 교류를 찾기 시작했다

여성 혼자 혼외연애를 할 수는 없다. 여성이 혼외연애를 한다
면 상대인 남성도 있는 것이다. 남성들은 무슨 생각으로 기혼 여
성을 만나는 것일까?

남성들의 의식은 10여 년 전과 크게 달라졌다. 젊은 여성과 장
난처럼 즐기는 사람이 줄어들고 마음과 마음으로 만나고 싶어 하
는 사람이 늘어난 것이다. 개인적으로는 굉장히 중요한 변화라고
보고 있다.

"그녀를 만난 지 벌써 7년 됐습니다."

그렇게 말한 사람은 회사원인 히로시 씨(50세). 일을 통해서 만
났다고 한다. 상대인 마키 씨는 두 살 아래의 유부녀이다. 그에게
는 스무 살과 열 살인 1남 1녀가 있고, 마키 씨에게는 스물두 살
인 외아들이 있다.

"처음 만났을 때는 둘 다 아이가 어려서 신경을 많이 썼지요.
하지만 무리하지 않고 서로의 가정을 배려하면서 만난 덕분에 지

금까지 이어질 수 있었습니다."

그는 부드러운 말투로 그렇게 말했다. 아내와의 관계는 나쁘지 않다고.

"결혼한 지 21년째이지만, 아내도 그동안 계속 일했기 때문에 함께 가정을 만들어왔다는 느낌이 강합니다. 지금도 부부 동반으로 외출하는 일이 많지요. 부부 사이는 상당히 좋습니다."

거의 매일 밤 목욕도 같이 한다. 하지만 지난 10년 동안 성적인 관계는 한 번도 한 적이 없다. 10년 전에 자궁암을 앓은 이후, 아내가 섹스를 피하게 된 것이다.

"아내는 원래 섹스에 적극적인 편이 아니었습니다. 그런데 수술하고 나서는 그럴 생각이 완전히 없어진 것 같더군요. 하고 싶으면 그런 곳에 가라고 하는데, 그렇게까지 하고 싶지는 않습니다. 하지 않으면 그것으로 끝이니까요."

그런데 마키 씨를 만난 순간, 그의 마음속에서 무엇인가가 달라졌다. 이 사람과 관계를 맺게 되리라 확신했다. 그것은 단순한 예감이 아니라 그의 바람이기도 했다.

처음 만났을 때 느끼는 이런 예감은 무엇일까? 서로 가지고 있는 '색色'이 부딪친 순간, 불꽃이 튀기며 전혀 다른 색이 만들어지는 신비한 감각. 사람들은 그것을 한눈에 반한다고 말할지 모르지만 반한다는 것과는 조금 다르다. 이 사람과는 인생이 교차

하는 순간이 있다는, 아무런 근거는 없지만 절대적인 확신이라고
나 할까? 좋아하느냐 좋아하지 않느냐가 아니라 관계할 가능성
을 100퍼센트 확신할 수밖에 없는 마음이다.

어쨌든 그는 마키 씨에게 그런 특별한 감정을 느꼈다고 한다.

"나중에 물어보니 그녀도 그렇게 느꼈다고 하더군요. 유혹은
내가 먼저 했습니다. 같이 하던 일이 끝났을 때 식사하러 가자고
했지요. 그녀는 처음에 그냥 친구로 있자고 했어요. 하지만 나는
그럴 수 없었습니다. 이미 특별한 감정을 가지고 있었으니까요.
그러면 딱 한 번이라고 하면서 그녀가 꺾인 것은, 둘이 처음 식사
를 하고 나서 6개월쯤 지났을 때였지요."

중년의 딱 한 번은 믿을 수 없다. 한 번 해서 즐거웠다면 또 하고
싶은 것이 인지상정이니까. 딱 한 번은 자신에 대한 변명이리라.

"그때 그녀가 그러더군요. 남편과는 관계를 하지 않는다고요.
남편이 바람을 피우는 것 같다고도 했지요. '남편이 바람을 피우
니까 나도 바람이라고 생각했나요?'라고 심술궂게 말했더니 그녀
는 울음을 터뜨리면서 이렇게 말하더군요. '내 상황이 그러니까
만약 관계를 하고 나서 당신에게 기대면 큰일이잖아요, 그래서 그
냥 친구로 있고 싶었어요'라고요. 그 말을 듣고 마음이 아팠습니
다. 그녀는 '당신과는 좋은 관계로 있고 싶어요'라고 하더군요."

처음에 그녀가 흔들리고, 덩달아 그도 흔들렸다. 그는 결혼하

고 나서 아내 이외의 여성과 관계를 가진 적이 없었다. 마음이 가는 여성도 있었지만, 기혼자인 만큼 깊이 빠지면 귀찮다고 생각한 것이다.

유부남이 바람을 피우지 않는 이유 중에 가장 많은 것은 '바람을 피우고 싶지만 귀찮다'는 것이 아닐까? 아내에게 거짓말을 해야 한다, 만약 상대가 적극적으로 나오면 어떻게 하지 등등 생각만 해도 귀찮다고 말한 남성도 있다.

그런데 그런 일들이 귀찮지 않은 것이 사랑이 아닐까? 사랑에 빠지면 아무리 귀찮은 일도 자진해서 떠안게 마련이니까.

"나는 그녀와 오래 만나고 싶었습니다. 그래서 '서로 이혼할 수 없다는 건 알고 있어, 하지만 어떻게든 같이 있는 시간을 만들자'라고 말했지요. 그녀도 마음의 밑바닥에서는 그렇게 하기를 바랐습니다. 그런데 '난 지금 해서는 안 되는 일을 하고 있어요' '당신은 아내와 사이가 너무 좋은 것 같아요'라는 불평을 자주 했지요. 그래서 부부 사이가 좋은 것과 연애는 별개라고 기회가 있을 때마다 말했습니다."

6개월쯤 지나서 두 사람의 관계는 겨우 안정되었다. 그리고 그 상태에서 7년이란 시간이 흘렀다. 혼외연애는 오래 지속되는 경향이 있다고 하지만, 그래도 7년은 긴 편에 속한다.

가정이 있는 상태에서의 연애는 단기간이라면 몰라도 장기간에 이르면 몸과 마음에 부담이 커질 수밖에 없다. 물론 그 부담을 떠안으면서도 만나고 싶다면 어쩔 수 없지만.

"그녀를 만날 때 가장 편합니다. 마음이 치유된다고 할까요? 그녀와 같이 있으면 마음이 편해지면서 내가 나로 있을 수 있지요. 그녀도 똑같을 겁니다. 더구나 그녀가 있어서 힘이 납니다. 몇 년 전에 회사 실적이 갑자기 나빠지는 바람에 희망퇴직을 신청하려고 한 적이 있지요. 그때 그녀는 '당신이라면 어디서도 잘 헤쳐 나갈 수 있을 거예요'라고 격려해주었습니다. 아내는 담담한 얼굴로 '당신이 퇴직을 해도 살아갈 수는 있겠지만 집 대출금은 어떻게 해'라고 하더군요. 원래 현실적인 사람이에요. 나쁜 마음으로 그렇게 말한 것은 아니겠지만, 그런 경우에는 나를 먼저 생각해줬으면 했는데, 그때 아내에게 서운한 마음이 드는 건 어쩔 수 없더군요."

부부는 같은 배를 타고 있는 것이나 마찬가지이다. 따라서 그의 말처럼 아내의 말은 매우 현실적이다. 혼자 벌어도 어떻게든 살아갈 수 있겠지만 대출금을 갚기는 벅차다. 타당한 의견이기는 하다.

애인은 아내와 달리 계속 격려할 수 있다. 함께 생활하지 않기 때문이다. 그것을 무책임하다고 비난할 수는 없다. 입장이 다르면 말도 달라지는 법이라서 시각이 다른 것은 어쩔 수 없는 노릇이다.

"아마 앞으로 10년, 15년 계속 이런 상태를 유지하겠지요. 지금은 한 달에 한두 번밖에 만날 수 없고, 솔직히 말해서 앞으로 어떻게 될지 모르겠습니다. 만약에 서로의 배우자에게 들키면 이혼을 하든지, 또는 그녀와 헤어져야 할지도 모르지요. 그런 생각은 아직 해본 적이 없지만요. 지금으로선 앞으로도 계속 만날 수 있기를 바랄 뿐입니다."

그가 정년퇴직을 하면 어떻게 될까? 어느 한쪽이 병에 걸리면 어떻게 될까?

혼외연애에는 이런 불안이 끊이지 않는다. 하지만 그런 것은 지금 생각해봤자 아무 소용이 없다고 그는 말한다. 무슨 일이 일어나면 그때 대처하는 수밖에 없다는 것이다. 불안하기는 하지만 연애는 원래 불안한 곳에서 이루어지는 것일지도 모른다.

"
아내는 알고 있을 것이다

개중에는 아내에게 의심의 눈초리를 받고 있는 남성도 있다.

"나는 즉시 부정했지요. 그런데 아내는 상대가 누군지도 알고 있는 것 같았습니다."

그렇게 무서운 말을 한 사람은 다카히로 씨(52세)이다.

그는 아내의 사촌동생과 관계를 맺고 있다. 사랑은 상대를 선택하지 않는다. 상대가 처제일지라도 아내의 친구일지라도…… 들켜서는 안 되는 관계일수록 사람을 끌어당기는 마력이 있는 것일까?

"딸을 봐준다고 우리 집에 자주 왔거든요. 그러는 사이에 나도 모르게 끌리게 되었지요. 내 아내는 일밖에 모르는 사람입니다. 남편이 일밖에 모르는 경우에 여자는 참을 수 있을지도 모르지만, 남자인 나는 참을 수 없었어요. 그로 인해 아내와 자주 싸웠습니다."

그의 아내는 아버지에게 물려받은 부동산회사를 경영하고 있다. 20여 년 전에 결혼했을 당시에는 도와주는 정도였지만, 15년 전에 사장이었던 아버지가 세상을 떠나고 그녀가 사장 자리를 물려받은 후에는 오로지 일에만 매진하고 있다.

"나는 회사 일이 끝나면 곧장 집에 가지요. 그래서 당시 어렸던 외동딸도 거의 내가 키운 것이나 마찬가지입니다. 그건 뭐 아무래도 상관없지만 가끔은 가족끼리 지내는 시간도 필요하잖습니까? 하지만 아내는 토요일, 일요일도 없고, 공휴일에도 일하러 나가요. 가끔 평일에 쉬지만 나하곤 쉬는 날이 맞지 않습니다. 그런 상황에서 딸을 돌보기 위해 집에 온 사람이 아내의 사촌동생이었지요."

사촌동생이 집에서 할 수 있는 디자인 일을 하는 덕분에 종종 집에 들러서 딸을 돌봐 주게 되었다. 그래서 딸과 사촌동생과 함께 셋이 식사를 하는 날도 많았다.

"아내가 1박으로 출장을 간 날, 사촌동생과 관계를 맺었어요. 물론 머리로는 안 된다고 생각했습니다. 하지만 외로움을 견디지 못하고 그녀에게 빠져버렸지요."

당시 아내의 사촌동생은 막 이혼한 상태였다. 두 사람의 관계가 5년쯤 계속된 뒤에 그녀는 재혼했다. 하지만 그 후에도 관계는 이어지고 있다.

"사촌동생의 남편에게도, 아내에게도 진심으로 미안하게 생각합니다. 그녀가 재혼했을 때 더 이상 만나지 말자고 했고, 1년 정도는 만나지 않았습니다. 그러던 어느 날, 그녀에게 연락이 왔습니다. 남편과는 섹스가 맞지 않는다고 하면서요. 역시 나와 하는 게 제일 좋다고요. 그래요, 우리는 육체적인 궁합이 잘 맞았습니다. 나는 그녀의 담백한 성격을 좋아했죠. 그녀와 같이 있으면 즐겁기도 하고요. 아내는 집안일에는 신경도 쓰지 않지만 회사 일에는 굉장히 예민하지요. 집에서도 머릿속에 일밖에 없습니다."

이야기를 들으면서 나는 그의 부부관계는 이미 파탄이 났으리라고 생각했다. 그렇게 말해보자 그는 잠시 생각에 잠긴 표정을 짓더니 돌연 아내를 옹호하기 시작했다.

"으음, 그럴지도 모르지요. 하지만 그렇다고 아내가 가정을 등한시한 것은 아닙니다. 딸이 중학교에 들어간 무렵부터는 학교 행사에도 얼굴을 내미는 등, 아내도 나름대로 최선을 다했으니까요."

더 깊이 파고 들어가자 아내와도 계속 섹스를 한다고 답했다.

"아내는 하고 싶을 때와 하고 싶지 않을 때의 의사가 분명한데, 하고 싶을 때는 자신이 먼저 유혹합니다. 그런 때는 더할 수 없이 사랑스럽지요. 그렇게 기가 센 사람이 돌연 약한 모습을 보이니까요. 결국 일밖에 모르면서 가끔 약해지는 아내와 쿨하고 담백한 성격의 사촌동생을 둘 다 좋아한다고나 할까요?"

그런데 한 6개월 전부터 아내가 노골적으로 사촌동생과의 관계를 의심하기 시작했다. 갑자기 왜 그러는지 알 수 없었다. 사촌동생과는 휴대폰으로 연락을 주고받는데, 내역은 즉시 삭제하고 있어서 문자메시지를 본 것은 아닌 듯했다.

"어느 날 갑자기 '당신, 요즘 바람피우지?'라고 추궁하더군요. 나는 깜짝 놀라서 '무슨 말이야?'라고 반박하는 게 고작이었죠. 아내는 '내가 아무것도 모른다고 생각하지 마'라고 하면서, 언뜻 사촌동생의 이름을 말하더군요. 마치 내 반응을 살피는 것처럼 말이지요. 사촌동생이 아내에게 말했을 리는 없고, 어떻게 알았는지 몰라서 대처할 수가 없더군요."

그는 사촌동생에게 그렇게 말해보았다. 그녀는 진지한 표정으로 "이제 그만 헤어지는 편이 좋을까요?"라고 혼잣말처럼 중얼거렸다. 그럴 수 없다고 그는 단호하게 대답했다.

그 이후 사촌동생은 아내의 이야기를 꺼내지 않았다. 그도 더이상은 아무 말도 하지 않았다. 그리고 두 사람의 관계는 이어지고 있지만, 그 이후 아내는 섹스를 요구하지 않게 되었다. 그가 원하면 거부하지는 않는다.

어떻게 알았는지는 모르지만, 아내는 분명히 남편의 바람을 의심하고 있다. 의심하는 것뿐만 아니라 그의 말처럼 상대가 사촌동생이라고 알고 있을지도 모른다. 다만 지금은 아무 말도 하지 않고 상황을 지켜보는 것이리라. 앞으로 증거를 잡으면 이혼신고서를 들이밀 수도 있다.

"최근에는 자포자기 상태입니다. 아내에게 들켜서 이혼한다고 해도 상관없다고 생각해요. 내가 먼저 이혼하자고 말할 생각은 없지만, 아내가 이혼하자고 하면 그렇게 해주고 싶습니다. 혼자 사는 것도 나쁘지 않으니까요."

최근 들어 이렇게 말하는 남성이 늘고 있다. 예전 같으면 남성들은 입을 모아 가정은 끝까지 지키겠다고 말했지만, 몇 년 사이에 "아내가 이혼하고 싶다면 그렇게 해주겠다"라고 말하는 남성이 늘어난 것이다. 가정 생활에 지친 남성들이 그만큼 많아졌다는 방증으로, 남편이나 아버지 역할에서 해방되고 싶다는 것으로밖에 보이지 않는다. 자신들이 먼저 이혼 이야기를 꺼내지 않는것은 두 가지 이유에서이다.

첫째, 경제적으로 어려워지는 것이 눈에 뻔히 보인다.

둘째, 악역으로 전락하고 싶지 않다.

가정에서 해방된다고 해도 자식에 대한 책임은 피할 수 없다. 실제로 가족 없이 혼자 사는 것이 얼마나 쓸쓸한 일인지 구체적으로 생각해본 남성은 별로 없는 것 같다.

"그럴지도 모르지요. 지금까지 혼자 살아본 적이 없는 만큼, 혼자 살면 견디지 못할지도 모릅니다. 다만 어느 정도 알고 있으면서 왜 아무 말도 하지 않는지 모르겠어요. 이렇게 어색하게 지낼바에야 차라리 이혼이든 뭐든 하자고 달려드는 편이 나을 것 같습니다."

그의 말을 들으면서 나는 고개를 끄덕였다. 그는 이미 자포자기 상태에 빠져 있다. 아내의 무관심을 견딜 수 없는 것이다.

어쩌면 아내는 그가 다시 돌아오기를 기다리고 있는 것일지도 모른다. 자신이 추궁하기 전에 수상한 행동을 하지 말라고 으름장을 놓는 게 아닐까?

나는 그의 어정쩡한 태도가 답답해서 화가 날 지경이었다. 아내에게 들킨 후에도 그의 태도는 변하지 않았다. 결혼 생활을 유지하면서 혼외연애를 계속하는 것이다. 어느 한쪽, 또는 양쪽 모두 잃어버려도 어쩔 수 없다고 말하면서도, 실은 양쪽 모두에 집착하는 것처럼 보인다. 말과 마음이 일치하지 않는 것이다.

혼외연애를 하는 남성 중에는 가끔 이런 사람이 있다. 여성 쪽이 훨씬 냉정하게 결단을 내리는 것이다.

마음이 찜찜한 상태에서 그와 헤어지고 나서 며칠 후, 메일이 한 통 왔다. 아내가 사촌동생을 찾아가서 직접 담판을 지었다는 이야기였다.

"사촌동생이 인정하지 않았다고 하더군요. 오히려 형부는 아내 몰래 바람피울 수 있는 교활한 사람이 아니라고 하면서요. 그 이후 어딘지 모르게 아내의 얼굴이 밝아졌습니다. 사촌동생과의 관계는 아직 끊어지지 않았지요. 어쩌면 나는 스스로 길을 개척하지 못하는 사람일지도 모릅니다."

이런 남성은 평생 눈치를 보면서 두 여성 사이를 왔다 갔다 할 것이다. 뜨뜻미지근한 남성에게 빠지는 여성의 마음도 이해할 수 있다. 오기가 생겨서 어떻게든 자기 쪽으로 잡아당기고 싶은 것이다. 이것이 그의 매력일지도 모른다.

　　삶의 의욕이 되는 사랑

　앞에서 말했지만 최근 8~9년 사이에 남성들이 진지하게 사랑 타령을 하게 되었다.

　"사랑을 하고 싶다. 더구나 마음과 마음으로 이어지고 싶다."

　나이가 들면 남성들은 회사에서도 가정에서도 있을 자리가 없어진다. 신입사원 때 품었던 꿈은 부질없이 사라지고, 가정에서 아버지의 권위는 눈을 씻고도 찾아볼 수 없다. 권위는커녕 오히려 지긋지긋하게 여길 뿐이다.

　내 주변에도 가정은 아내와 아이들 것이라고 한탄하는 남성들이 많다.

　"아이들을 웃기려고 말장난이라도 하면 썰렁한 아저씨 개그라고 하면서 차갑게 비웃어. 아내는 이번 달에도 적자라면서 가계부를 들여다보고 땅이 꺼져라 한숨을 쉬고, 딸은 나에게 냄새가 난다면서 얼굴을 찡그리더군. 가족들과 어울리려고 아무리 노력해도, 그들 눈에 나는 지긋지긋한 존재에 불과한가 봐. 그런 날 위로해주는 것은 술밖에 없지."(53세)

　토요일, 일요일에는 집에서 빈둥빈둥 지낼 수 없다고 한다. 요즘 세상에 취미가 하나도 없으면 사람으로 인정받지 못한다. 일밖에 모르는 사람은 사람들의 관심을 끌지 못하는 것이다.

썰렁한 아저씨 개그라고 가족들에게 비웃음을 당하거나, 집에 있을 곳이 없다고 말하며 한숨을 쉬는 사람은 그래도 나을지 모른다. 집이 정말로 불편한 경우에는 농담조차 할 수 없으니까 말이다.

"우리 집은 가족끼리 단절되어 있습니다. 나는 완전히 사면초가에 빠졌지요. 아내와 두 딸이 한 편이 되어 나를 무시하거든요."

그렇게 말한 사람은 올해 55세인 신이치 씨. 결혼한 지 25년. 일곱 살 어린 아내와 집안일을 돕는 큰딸, 대학생 작은딸이 혀를 내두를 만큼 사이가 좋다고 한다.

"엄마와 딸들의 사이가 좋은 것은 다행이지만, 큰딸이 취직하지 않고 집에만 있는 것은 아내 책임이 크다고 생각합니다. 대학을 졸업하고 취직을 했는데 1년 만에 그만두더라고요. 나는 기왕에 들어간 회사니까 좀 더 다녀라, 처음부터 네가 좋아하는 일만할 수는 없다, 열심히 일하면 많은 것을 배울 수 있다고 말했지만, 아내는 싫으면 그만두라고 딱 잘라 말하더군요. 지금은 1년째 집에서 놀고 있습니다. 앞으로 어떻게 할 생각인지 원……. 아내는 지금까지 한 번도 일한 적이 없습니다. 그래서인지 '여자는 일을 안 해도 돼'라고 말하곤 합니다. 하지만 우리도 언제까지 건강한 게 아니잖습니까? 사랑하는 자식일수록 자립하게 만들어야 하는데……."

그렇게 말하면 여자 셋이 눈을 치켜뜨고 쳐다본다. 최근에는 여자 셋이 여행을 가면서 평일에 신이치 씨 혼자 놔두는 일이 늘었다. 마치 자신이 돈 벌어오는 기계 같고, 대체 무엇을 위해서 일하는지 모르겠다며 그는 길게 한숨을 내쉬었다.

회사에서는 나름대로 높은 지위에 있지만, 앞날을 생각하면 깜깜하기만 하다. 몇 년 뒤에는 정년퇴직이 기다리고 있다. 젊은 사원에게 자칫 설교라도 하면 다음 날에는 부서의 분위기가 나빠지는 탓에, 어떻게든 칭찬하고 비위를 맞춰서 일을 시키고 있다. 그러는 사이에 가슴속에는 울분과 스트레스가 쌓여만 간다.

그러던 어느 날, 그는 회사 근처에서 대학 후배인 도모카 씨를 우연히 만났다.

"대학 다닐 때 좋아했던 사람인데, 나보다 먼저 고백한 후배와 사귀더군요. 나는 결국 마음도 전하지 못했지요. 그녀의 입에서 '선배'라는 말이 나온 순간, 그 시절의 기억이 단숨에 되살아났습니다."

이런 경우에는 그와 동시에 그 시절의 젊음이 되살아난다. 그리고 마치 그 시절로 돌아간 듯한 생생한 감성이 자신의 내부에서 솟구친다.

그는 도모카 씨와 명함을 주고받고 며칠 후에 점심을 함께하게 되었다.

"그녀는 우리 회사 근처에서 일하더군요. 지금까지 한 번도 만나지 못한 게 신기할 정도였지요. 대학시절에 만난 사람과 헤어지고 서른다섯 살에 열 살 많은 이혼남과 결혼했는데, 자기 아이는 없다고 하더군요. 남편에게 전처소생이 있으니까 괜찮긴 하지만 자기도 아이를 낳고 싶었는데 생기지 않았다고 하면서요. 왠지 쓸쓸해 보여서 가슴이 아팠습니다."

다음에는 저녁이라도, 다음에는 술이라도…… 그런 식으로 만남이 이어졌다. 본인들에게는 데이트한다는 감각이 없었으리라. 대학시절의 선배와 후배가 우연히 만나서 여러 가지 정보를 교환하고 있다는 식으로 받아들였을 것이다.

그러는 사이에 사랑은 착실히 커나간다. 또는 무의식중에 잠들어 있던 사랑이 싹을 틔우기도 한다.

"실은 내가 인사부에 있거든요. 그녀는 인재파견회사의 임원으로 있고요. 그때 마침 우리 회사에서 거래하던 인재파견회사를 바꾸자는 이야기가 있어서 그녀의 회사를 추천했습니다. 시험적으로 한번 의뢰해보았더니, 전문지식이 있는 좋은 분을 소개해주더군요. 그 이후, 그녀와의 관계가 더욱 가까워졌습니다. 그녀에게 신기한 인연을 느꼈어요."

그리고 6개월 전, 두 사람은 드디어 호텔에 갔다. 만나서 이야기를 나누는 것도 즐거웠지만, 그것만으로는 참을 수 없을 만큼 그의 마음이 정점에 도달한 것이다.

하지만 그녀는 한 발 물러섰다. 이제 젊지 않다는 것이다. 그렇다, 쉰이 넘은 여성이 사랑에 손을 내밀기까지는 커다란 용기가 필요하다. 그 마음은 충분히 이해할 수 있다. 더 젊을 때 만났다면 몸매도 괜찮고 피부도 좋았을 텐데……. 여자는 그렇게 생각하는 법이다.

"이제 와서 남자에게 알몸을 보여줄 수 없어. 그래서 사랑에 빠질 수 없어."

내 친구 중에는 이렇게 말한 사람도 있다.

어쨌든 그는 그녀를 똑바로 쳐다보며 간절하게 설득했다.

"'나도 젊지 않아. 머리칼은 새하얗고 많이 빠졌지. 보다시피 뱃살도 축 늘어졌고. 어쩌면 섹스를 할 수 없을지도 몰라. 그래도 너를 안고 싶어.' 이렇게 뜨겁게 설득했지요. 어쩌면 처음이자 마지막일지도 모릅니다. 그렇게 뜨거운 마음으로 누군가를 설득한 것은요."

그는 수줍어하면서도 솔직하게 말했다. 그런 말을 들으면 여성의 마음도 움직일 수밖에 없다. 그녀는 쑥스러운 표정을 지으며 "나라도 좋다면……"하고 혼잣말처럼 중얼거렸다.

"아내에게 거부당한 이후, 15년 만의 섹스였지요. 실은 1년에 한 번쯤 돈을 주고 여자를 사기도 했어요. 하지만 하고 나면 너무나 허무해서, 최근 5년 정도는 발을 끊었지요. 그래서 내가 할 수 있을지 없을지 두려웠습니다. 그런데 그녀의 살에 닿은 순간, 마치 20대로 돌아간 듯 기운이 넘치더군요. 스스로도 깜짝 놀랐습니다."

그녀는 성적으로 상당히 성숙했다.

"이런 말을 해도 좋을지 모르겠지만, 그녀는 아내가 해주지 않았던 것들을 많이 해주었습니다. 그곳에 키스해주기도 하고 온몸을 애무해주기도 하고……. 부끄럽지만 남자도 유두로 느낀다는 것을 처음 알았습니다."

그녀의 안으로 들어갔을 때, 그녀의 눈꼬리에서 눈물이 흘러내렸다. 그것을 보고 그는 점점 더 불타올랐다. 그녀는 몸을 몇 번이나 뒤로 젖히며 "굉장해!"라고 소리를 질렀다고 한다.

"그렇게 많이 느낀 것은 처음이라고 그녀는 말했지요. 하지만 나는 마음속으로 분해서 견딜 수 없었습니다. 나이 많은 남편에게 길들어져서 이렇게 온몸으로 느낀다는 생각이 들었거든요. 하지만 이제 와서 그런 걸 따질 수는 없잖습니까? 어쨌든 그녀가 몹시 사랑스러웠지요."

더 느끼게 해주고 싶고 더 즐겁게 해주고 싶었지만, 정신을 차리니 자신이 오히려 그녀에게 기운을 받고 있었다. 그녀는 항상 그의 이야기에 진지하게 귀를 기울이고, 그를 온몸으로 받아들였다. 그것이 인생을 살아가는 기력으로 이어지고 있다고 한다.

"남은 인생에 아무런 희망이 없었는데, 그녀를 만나고 나서는 지금 이 순간이 가장 중요하다고 생각하게 되었지요. 지금 그녀와 같이 있는 이 시간이 가장 귀중하다고 말입니다. 그녀와 영화를 보러 가는 등, 최근에는 호텔에 드나들 때 말고는 당당하게 행동하고 있어요. 사람들이 많은 곳에만 다녀서 그런지, 의외로 지금까지 들키지 않았습니다."

도쿄의 번화가에서 아는 사람을 우연히 만나는 일은 거의 없다. 그의 말처럼 사람들이 많은 곳에 있는 편이 오히려 눈에 띄지 않을지도 모른다.

"회사에도 집에도 있을 자리가 없다고 생각해서 절망했는데, 그녀에게 좋은 에너지를 받아서 그럴까요? 요즘은 일도 잘 풀리고, 집에서도 아내와 딸들이 딱 달라붙어 있는 게 신경 쓰이지 않더군요. 최근에는 큰딸이 일을 해야 한다고 생각했는지 아르바이트를 시작했습니다. 밖에서 친구도 만나는 것 같고, 조금씩 엄마를 떠나는 것 같더군요. 어쩌면 조만간 집에도 내 자리가 생길지 모른다는 생각이 들었습니다."

사랑이란 누군가에게 인정받는 것이며, "당신이 최고야" "당신이 세상에서 제일 멋진 남자야"는 칭찬을 받는 것이다. 따라서 자신감이 생길 수밖에 없다. 자신감이란 오만함이 아니라 자신을 믿는 마음이다. 그리고 상대에게 칭찬을 받고 신뢰를 받으면 스스로를 다른 눈으로 보게 된다.

사랑은 다른 사람과의 가장 농밀한 관계이다. 그곳에서 무엇인가를 배우면 좋은 일이 아닐까?

내 편이 필요한 남성들

앞에서 말한 신이치 씨도 그러하지만, 남성들은 지금 '내 편'을 필요로 하고 있다. 과거의 불륜이 섹스를 중요하게 여겼다면, 지금은 '애인과는 아내와 할 수 없는 섹스를 하고 싶다'라고 생각하는 남성은 거의 없다.

오히려 여성이 "섹스를 포함해서 그의 몸과 마음을 모두 갖고 싶다"라고 말한다. 물론 남녀 모두 상대의 마음을 원하고 있지만, 남성이 더 마음을 원하는 것 같다.

감성이나 감각에서 남성이 여성처럼 변하고 있는지, 여성이 남성처럼 변하고 있는지는 잘 모르겠지만, 연애에 한해서 말한다면 이미 남녀의 차이가 없어진 듯하다.

남성들이 자신의 연애에 관해서 말하고 싶어 하는 것도 최근

눈에 띄는 경향이다. 누구에게도 말할 수 없는 내용을, 지금은 나 같은 사람에게도 들어달라면서 메일을 보내곤 한다. 예전 같으면 내가 아무리 부탁해도 입을 열지 않았는데 말이다. 여성과 마찬가지로 남성들도 연애는 좋은 것이라는 풍조 속에서 자랐기 때문일까?

어쨌든 바야흐로 50대 이후의 남성들도 상대의 마음을 원하게 된 것만은 분명한 사실이다. 확실한 내 편을 얻고 싶어 하는 것 같다.

"정년퇴직을 하고 동호회에 들어갔는데, 그곳에서 좋아하는 사람을 만났습니다."

그렇게 고백한 사람은 올해 예순아홉의 아키토시 씨이다. 요즘 60대는 겉으로 보기에도 젊어 보인다. 아키토시 씨는 말쑥한 차림에 등도 구부러지지 않았다. 그가 가입한 곳은 하이킹 동호회. 대학에 다닐 때는 등산을 했지만, 사회인이 되고 나서는 산에서 멀어졌다. 정년퇴직을 계기로 다시 시작하려고 했지만 체력에 자신이 없어서 하이킹을 선택했다.

"그래도 가끔 야트막한 산에도 가고, 마음을 다잡고 후지 산에 간 적도 있지요. 서로를 격려하면서 정상을 향해 가는 게 얼마나 즐거운지 모릅니다."

그 동호회에서 가장 열심히 활동하는 사람은 그를 포함해서 여

섯 명이다. 여섯 명 가운데 여성은 두 명으로, 그중 한 명인 예순

둘의 준코 씨에게 마음이 끌렸다. 준코 씨는 젊은 시절부터 커피

숍을 경영해서 그런지, 성격도 밝고 분위기도 잘 띄웠다. 그녀가

있으면 항상 웃음이 끊이지 않는다.

"한번 조금 멀리 갔을 때 그녀와 둘이 이야기할 기회가 있었어

요. 남편은 거의 일하지 않고, 그녀가 커피숍을 경영해서 두 아이

를 대학까지 졸업시켰다고 합니다. 지금은 딸이 커피숍을 맡아

주고 있어서 가끔 이렇게 시간을 낼 수 있다고 하더군요. '남편을

쫓아내지 그랬어요?'라고 했더니, 그녀는 생글생글 웃으면서 이

렇게 답하더군요. '나도 그러고 싶었지만 우리 남편이 딸바보거

든요. 그래서 딸이 아빠를 아주 좋아해요. 돈도 벌어오지 않고 그

렇다고 집안일을 도와주는 것도 아니지만, 딸이 아빠가 없으면

못 살아요.' 세상에는 여러 종류의 부부가 있고, 여러 종류의 가

정이 있다고 생각했습니다."

그의 집은 어디에서나 흔히 볼 수 있는 평범한 가정이다. 그는

샐러리맨 출신에, 아내는 아이가 크고 나서 파트타임으로 일하고

있다. 집안일은 아내에게 맡기는 편이라서 아이와 친밀하게 지낸

적은 별로 없다.

"우리 집보다 준코 씨 집이 더 재미있게 살았을지 모른다는 생

각이 들더군요. 원래 내 삶과는 다른 삶에 끌리는 법이겠지요. 그

녀에게 마음이 움직인 계기는 그것이었습니다."

나이를 먹으면 이제 예전과는 완전히 다른 삶을 살 수 없다는 사실을 깨닫게 된다. 지금까지의 연장선이거나 삶의 폭을 조금 넓힐 수는 있지만 완전히 다른 삶을 살기에는 남은 인생이 얼마 되지 않는다. 그래서 다른 사람의 인생에 관심을 가지게 된다.

"그녀의 이야기를 듣는 것이 즐거웠습니다. 계속 더 듣고 싶어서 다음에 식사라도 같이 하자고 했더니, 흔쾌히 그러자고 하더군요."

하지만 그녀는 둘이만 따로 만난다고 생각하지 않은 것 같았다. 문자메시지를 주고받는 사이에 동호회 멤버들이 많은데 둘이만 만나는 건 조금 그렇지 않느냐고 그녀가 말했다.

"그래서 '난 당신과 따로 만나고 싶다, 당신과 이야기하고 싶다, 당신과 식사하고 싶다'라고 확실하게 표현했지요. 그랬더니 그녀가 받아주었습니다."

상당히 남성적인 모습이다. 자신의 의견도 제대로 말하지 못하는 요즘의 흐리멍덩한 청년들에게 그의 손톱의 때라도 달여서 먹이고 싶을 정도다.

그런데 그 시점에서는 다른 속셈이 없었다고 한다.

"마지막으로 아내와 한 것이 언제였는지 기억나지 않을 만큼 관계를 하지 않았지요. 아내와의 사이는 나쁘지 않았지만요. 회사에 다닐 때에는 가끔 바람을 피웠지만 오래 만날 생각은 없어서 금방 끝내곤 했습니다. 연애를 하고 싶다고 생각한 적은 한 번도 없었습니다. 말 그대로 바람이었지요. 아내에게 들킨 적도 없고요. 준코 씨에 대한 마음은 태어나서 처음 느낀 감정이라고 할 수 있을 정도지만, 솔직히 말해서 섹스까지 포함한 관계가 되고 싶다는 생각은 꿈에도 한 적이 없습니다."

사람이 이성에게 느끼는 특별한 감정은 이미 연애 감정이고, 연애 감정에는 크든 작든 성적인 의미도 포함되어 있다. 그렇지 않으면 연애 감정이라고 할 수 없으리라. 짝사랑이야말로 진정한 연애라고 말하는 사람도 있지만, 그것은 오히려 망상에 가깝다. 상대와 정면으로 부딪치지 않는 사랑을 어찌 진정한 사랑이라고 할 수 있으랴. 따라서 속셈이 없었다는 말은 자신의 속마음을 의식하지 못했든지, 의식하지 못하는 척했든지 어느 한쪽일 것이다.

그나저나 남성도 아내에게 사랑을 받지 못하면, 마음에 드는 여성이 나타났을 때 단숨에 연애 모드로 진입하게 된다. 나는 그의 이야기를 들으면서 그런 사실을 절실히 실감했다.

그 이후 그는 준코 씨와 단둘이 한 달에 몇 번 만났다. 데이트 비용을 마련하기 위해 정년퇴직한 회사에 부탁해서 일주일에 몇 번 촉탁으로 일도 시작했다. 아내는 아무것도 모른 채 다시 일을 시작한 남편을 격려해주었다.

"아내에게는 미안하지만 그녀를 만나고 싶고, 그녀에 관해서 더 알고 싶은 마음을 멈출 수 없었어요. 그녀가 하는 커피숍에도 가끔 얼굴을 내밀었습니다."

그런 식으로 6개월쯤 만났을 무렵, 그는 그녀에게 드라이브를 가자고 하고 그대로 러브호텔로 차를 넣었다.

"난 이럴 생각이 아니었는데……."

그녀는 조수석에서 그렇게 중얼거렸지만 그는 목소리에 힘을 주어 말했다.

"당신의 매력이 나를 이렇게 만들었어. 한 번이라도 좋아. 이대로 돌아가면 죽어도 눈을 감을 수 없을 것 같아."

그 말에 그녀가 반응을 보였다. 아직 고령이라고 할 순 없어도 그는 이미 60대 후반에 접어들었다. 그런 사람의 입에서 나온 이 말은 상당한 무게로 작용한다. 이것은 60대가 넘은 사람의 교활한 설득이라고 할 수 있다.

그녀와의 관계는 굉장했다고, 그는 눈을 빛내며 말했다.

"그녀는 즉시 젖었지요. 나이를 먹으면 쉽게 젖지 않을 거라고 생각했는데…… 그만큼 감각이 예민한 겁니다."

그는 환하게 웃으며 말했지만, 아마 그녀는 지금도 남편과 섹스를 할 것이다. 때문에 반사적으로 쉽게 젖은 것이리라. 물론 그에게는 그런 말을 하지 않았지만.

"나도 그럭저럭 해냈습니다. 관계가 끝난 후에는 안도의 한숨을 내쉬었지요. 젊었을 때처럼 격렬한 섹스는 할 수 없었지만, 서로 살이 닿는 것이 아주 좋았습니다. 어떻게 하면 그녀가 즐거워할지 그것만 생각했지요. 섹스가 끝나고 그녀는 '다정하게 해줘서 고마워요'라고 하더군요. 그때 문득 젊었을 때부터 이렇게 여성을 소중히 대했다면 좋았을걸, 하는 후회가 몸속 깊이 스며들었습니다. 그때는 내 쾌락만 생각했을 뿐 여성의 기쁨은 생각지도 않았거든요. 아내에게도 미안한 짓을 했다고 반성했습니다."

참 이상한 일이다. 남성들은 죽을힘을 다해 다른 여성을 기쁘게 해주려고 할 때 문득 아내를 떠올린다. 이것이 남성의 본성일까? 그런 경우에 여성은 눈앞의 남성밖에 보지 않는데 말이다.

그와 준코 씨의 관계는 이미 2년이 넘었다. 동호회 사람들은 두 사람이 친한 것은 알고 있지만, 사귄다는 것은 아무도 모른다고 한다.

"이 나이에 무슨 짓인가 하는 마음이 전혀 없지는 않습니다. 다만 앞으로 언제까지 살지 모르고, 계절에 비유하면 이미 겨울에 접어들었겠지요. 그렇다면 조금은 내 마음대로 살아도 되지 않을까요. 아내에게도 좋은 사람이 있으면 밖에서 연애하면 된다고 생각해요. 그런 의미에서는 이제 둘 다 자유롭게 사는 게 좋지 않겠습니까?"

그렇게 생각할 수도 있으리라. 예전에 70대 중반 여성이 편지를 보낸 적이 있다. 그녀가 사귀는 사람은 여든이 넘은 같은 동네에 사는 남성으로, 두 사람 다 배우자가 살아 있는 상태에서 사랑에 빠졌다. 그들은 지금도 가끔 러브호텔에 간다고 한다.

"그의 페니스는 이미 단단해지지 않아요. 하지만 그것을 입에 넣고 부드럽게 키스하는 것만으로 난 충분히 행복해요. 그럴 때마다 그가 사랑스러워서 견딜 수 없답니다."

그 편지를 읽고 나도 모르게 눈시울이 뜨거워졌다. 애절하고 안타깝고…… 형용할 수 없는 강렬한 사랑에 가슴이 먹먹해졌다.

단단해지지 않는다는 것을 알면서도 그녀는 그의 페니스를 입에 넣는다. 그것이 사랑의 증거이리라. 사랑하는 사람의, 사랑하는 그것이다. 섹스할 수 없다는 것을 알면서도 러브호텔에 가서 서로의 살을 느낀다. 그것이 사랑이고, 애정 표현이 아닐까?

"나이를 먹어도 바람은 끊이지 않는다. 하지만 그들에게 앞은 없다."

이런 말이 있지만 나이를 아무리 먹어도 사람을 좋아하는 에너지, 사랑하고 싶다는 마음이 중요하리라. 그것은 그대로 삶의 에너지로 이어지지 않을까? 그런 생각이 들었다.

"
남성의 사랑은 왜 쉽게 들키는 것일까?

탐정사무소를 경영하는 사람에게 들었는데, 최근 들어 아내의 뒷조사를 해달라고 찾아오는 남성이 늘고 있다고 한다. 예전에는 여성의 의뢰가 압도적으로 많았는데 지금은 7 대 3 정도로 남성의 의뢰가 많다는 것이다.

아내의 행동이 수상하다고 의뢰하는 것이지만, 바람피우는 확률은 지금도 남성이 더 높을 것이다. 다만 상대의 책임으로 이혼하면 위자료를 주지 않아도 되니까 남성들에게는 그런 속셈이 있을지도 모른다. 물론 탐정사무소에 의뢰하는 사람은 어느 정도 수입이 있는 사람으로, 일반적인 경향이라고 할 수는 없으리라.

남편의 혼외연애는 아내에게 쉽게 들키고, 아내의 혼외연애는 남편에게 쉽게 들키지 않는 경향이 있다. 이유는 몇 가지가 있다.

과학적인 근거는 없지만, 우선 여성은 감이 예리하다.

"남편이 집에 들어오면서 '나 왔어'라고 하잖아요. 그 목소리의 톤 하나로 뭔가 이상하다고 느낄 때가 있어요. 저는 그 목소리만으로 남편의 바람을 간파했지요. 야근했다고 하면서 한밤중에 귀가한 남편의 '나 왔어'란 한마디가 야근한 것처럼 느껴지지 않았거든요."

아키코 씨(49세)는 그렇게 말하면서 가볍게 미소를 지었다.

이런 경우에 여성이 취하는 행동은 두 가지이다. 그 자리에서 이상하다고 따지든지, 아니면 며칠에서 몇 달 사이에 상황을 지켜보면서 증거를 모으든지…….

그녀는 2주 정도 상황을 지켜보았다.

일단 남편이 집에서 휴대폰을 만지작거리는 시간이 늘었다. 예전 같으면 아무 데나 던져놓았을 텐데, 집에서 입는 카디건 주머니에 항상 휴대폰을 넣어둔다. 한순간이지만 문득 멍하니 있을 때가 있다. 그런가 하면 아무도 보지 않는다고 생각해서인지 갑자기 히쭉히쭉 웃는 일도 있었다.

"세심하게 관찰하면 금방 알 수 있어요. 그리고 2주가 지났을 때 '바람을 피우면 가만있지 않을 거야'라고 불쑥 말해보았지요. 남편은 '뭐?'라고 말한 채 그 자리에서 딱딱하게 굳어졌어요. 그런 다음에 표정을 바꾸더니 '내가 바람피울 리 있겠어?'라고 몹시 단호하게 말하더군요. 그러면 휴대폰을 보여달라고 했더니 눈에 당황함이 깃들고 안절부절못하지 뭐예요? 그리고 바로 효과가 나타났어요. 갑자기 야근이 줄더군요."

그녀의 남편이 실제로 밖에서 다른 여성과 혼외연애를 했는지 하지 않았는지는 모른다. 다만 어느 여성에게 마음을 빼앗긴 것만은 분명하다. 어쨌든 그 이후부터 남편의 수상한 행동이 사라졌다고 한다.

"남편은 원래 가족을 끔찍하게 생각했거든요. 그래서 가정을 버리는 일은 없다고 믿었지만, 다른 여자에게 마음을 빼앗기는 것도 기분이 좋지는 않았어요. 그래서 일찌감치 손을 쓴 거죠. 더 이상 깊이 파고들지는 않았지만, 분명히 누군가를 만났든지 만나려고 했든지 했을 거예요."

이렇게 감을 이용해서 남편의 바람을 눈치채는 아내는 의외로 많다. 또한 아내는 남편의 소지품에 손을 댈 기회가 많다. 그래서 가방이나 양복 안주머니 등에서 증거를 발견하는 경우가 많은 것이다.

"우리 남편은 평소에도 좀 허술하고 어리바리하거든요. 택시 영수증이나 이탈리안 레스토랑의 영수증 등 여기저기에서 증거가 나왔어요."

이렇게 말한 사람은 다카코 씨(50세)이다. 아무 문제가 없는 영수증도 있지만, 택시 영수증과 함께 편의점 영수증이 나왔을 때는 대번에 수상하다고 직감했다. 3년 전에 부부 사이에 일어난 일대 사건이다.

"애초에 남편은 편의점에 가는 사람이 아니에요. 그런데 좀체 가지 않는 지역의 편의점에서 이런저런 물건을 샀더군요. 푸딩이나 요구르트 같은 것을요. 그런 것과 함께 '베네통'이라는 글자가 눈에 들어왔어요. 그때 딱 감이 왔지요."

편의점에서 파는 베네통은 콘돔이다. 주택가의 편의점에서 콘돔을 사고 그 영수증을 주머니에 넣어두다니, 정말 허술하기 짝이 없다. 아마 기묘하리만큼 들떠 있어서 뒷일을 생각하지 못한 것이리라. 더구나 한 번만이 아닌 듯하다.

"영수증의 지역 이름과 남편에게 온 연하장을 대조해보자, 우리 집에도 온 적이 있는 남편의 부하직원 이름이 나오더군요. 그래서 그 두 가지를 남편에게 들이밀었어요. 그러자 갑자기 무릎을 꿇더군요. '용서해줘, 어쩌다 보니 그렇게 됐어'라고 하면서요. 너무 쉽게 자백해서 어이가 없었지요."

젊은 사람이나 나이 먹은 사람이나, 요즘 남자들은 조금만 의심하면 금세 사과하는 경향이 있다. '여자 위에 올라가 있는 것을 아내에게 들킨다고 해도 섹스한다고 인정하지 말라'는 것이 남자 세계의 불문율이건만, 지금은 사소한 증거에도 즉시 무릎을 꿇곤 한다.

"사과만 하면 용서해준다고 생각하는 걸까요? 남편은 한 달밖에 안 됐다고 했지만 믿을 수 없었어요. 다음 날 남편이 출장 가고 나서 밤에 그녀의 집 앞에서 기다렸어요."

남편의 애인 집을 직접 찾아간 것이다.

남편의 애인을 직접 만나러 가는 아내는 의외로 적지 않다. 어떤 여성을 만나고 있는지 직접 보고 싶은 것이다. 얼굴을 봤다고 해서 마음이 풀리는 것은 아니지만 보고 싶은 마음을 억제할 수 없었으리라.

"3년 전이었으니까 나도 남편도 마흔일곱이었어요. 그녀는 스물다섯. 애교가 많고 붙임성이 좋아서, 회사 사람들과 함께 우리 집에 왔을 때도 나를 도와주었어요. 화가 나고 분해서 견딜 수 없었지요. 생글생글 웃으면서 내 뒤에서 남편과 둘이 나를 웃음거리로 만든 거잖아요. 이미 남편에게 들었는지 나를 보아도 놀라지 않고, 포기한 표정을 지으면서 집으로 들어오라고 하더군요. 집은 생각보다 깨끗하게 정리되어 있었어요. 여기서 남편이 이 여자의 다리를 벌리고……라고 생각하니 오장육부가 부글부글 끓는 심정이었지요."

"죄송합니다."

그녀는 무릎을 꿇고 깊숙이 고개를 숙였다. 다카코 씨는 그녀를 때리고 싶은 마음을 꾹 참았다. 다카코 씨가 알고 싶은 것은 한 가지뿐이었다. 언제부터 시작되었는지, 언제부터 관계를 가졌는지…….

그것까지 말을 맞추지 않았는지 상대는 입을 꼭 다물었다. 다카코 씨가 문득 책상 위의 달력을 쳐다보자 그곳에 하트 모양의 스티커가 몇 개 붙어 있었다.

"그때가 11월 하순이었는데, 그 달력을 들고 1월을 보았지요. 이미 하트 모양의 스티커가 붙어 있더군요. 한 달 됐다는 남편의 말은 거짓말이었어요. 그녀를 추궁하자 벌써 1년이 되었다고 자백하더군요."

"이혼해줄게. 그 대신 아직 학교에 다니는 애들 학비와 위자료를 청구할 테니까 각오해!"

다카코 씨는 그렇게 소리쳤다.

"그랬더니 그녀가 뭐라고 했는지 아세요? 나를 똑바로 쳐다보며 '돈만 주면 이혼하실 거예요, 두 분의 사랑은 겨우 그 정도였나요?'라고 하더군요. 나는 허를 찔려서 순간 아무 말도 할 수 없었어요."

남편에 대한 마음이 진심이라는 것을 알고 다카코 씨 마음에는 점점 날카로운 가시가 돋아났다. 상대에게는 가정이 없다. 아직 젊은 데다 싱글이다. 잃을 것은 아무것도 없다. 그래서 무서웠다.

"상대가 유부녀라면 앞뒤 안 가리는 무모한 짓을 하진 않겠지요. 서로 입장이 있으니까요. 하지만 혼자 사는 여자가 마음만 먹으면 그것보다 무서운 것은 없어요. 남편이 이 여자를 책임져야 하나, 갑자기 그런 생각이 들더군요."

다카코 씨는 당황함을 감추지 못한 채 그 집에서 뛰쳐나왔다. 등 뒤에서 자물쇠를 채우는 소리가 공허하게 울려 퍼졌다.

그녀는 남편이 출장에서 돌아오기를 기다렸다가 남편을 추궁했다. 그녀를 만난 것도 하나도 숨기지 않고 전부 말했다. 그리고 가정을 버리고 그녀를 선택한다면 어쩔 수 없지만 자식들의 학비만은 보내달라고 차분하게 호소했다.

"남편은 미안하다고 하더니 입을 다물더군요. 남편도 그녀에게 진심이었나 봐요. 하지만 나로서는 결론을 내주기를 바랐어요. 일주일을 기다리겠다고 말했지요."

사흘 뒤, 남편은 창백한 얼굴로 집에 와서 그녀와 헤어졌다고 중얼거리듯 말했다.

그리고 3년이란 세월이 흘렀다. 그녀와 어떻게 헤어졌는지 그녀의 반응은 어떠했는지, 다카코 씨는 묻지 않았다. 다만 이듬해부터 그녀의 연하장이 오지 않았다. 회사를 그만둔 게 아닐까 짐작할 뿐이다.

이와 유사한 경우 중에 사건이 잠잠해지고 나서 다시 만난 것이 발각된 경우도 있다.

남녀 사이는 언제 어떻게 될지 모른다. 헤어지겠다고 결심했으면서도 서로 미련을 끊지 못한 채 은밀하게 만나는 경우도 없지 않으니까.

" 여성의 사랑은 왜 쉽게 들키지 않는 것일까?

이에 비해 여성의 사랑은 잘 들키지 않는다. 이유는 세 가지이다.

첫째, 남편은 아내의 소지품을 보는 일이 거의 없다.

둘째, 낮에 아내가 어떻게 지내는지 행동을 파악하지 못한다.

셋째, '내 아내만은'이라는 근거 없는 자신감을 가지고 있다.

이중에서 가장 큰 이유는 세 번째일 것이다.

아내를 무시하는 게 아니라 남편에게 아내는 자기 것이다. 당연히 집에 있는 사람이기 때문에 밖에서 다른 남자를 만난다는 발상 자체가 없다. 바꿔 말하면 아내를 한 사람의 여자로서 제대로 인식하지 못한다고도 할 수 있다. 오랜 결혼 생활 속에서 언제부터인가 싹튼 안심감과 어리광이라고나 할까?

얼마 전에 친한 친구의 남편을 만난 적이 있다. 우연히 아내의 바람 이야기가 나오자 그는 가볍게 웃으면서 이렇게 무례한 말을 했다.

"집사람은 바람을 피우라고 애원을 해도 피울 수 없어요. 누가 우리 집사람 같은 여자를 상대해주겠어요?"

물론 그는 겸손하게 말한다고 생각했겠지만.

그러나 나는 알고 있다. 그 친구가 지금까지 남편 모르게 많은 남자들을 만났다는 것을. 그런데 그런 경우에도 남편은 자기 아내를 털끝만큼도 의심하지 않는다. 조금만 관심을 가지고 지켜보면 아내가 이상하다는 것을 알 수 있을 텐데. 일상생활에 특별한 변화가 없으면 아내 마음이 달라졌다는 것까지 모르는 법일까?

나는 물론 그에게 당신 아내가 바람을 피우고 있다는 말은 하지 않았다. 다만 "이 친구는 예뻐서 남자들에게 인기가 많아요"라고 말했을 뿐이다. 하지만 그는 지금도 아내가 밖에서 다른 남자를 만나리라곤 꿈에도 생각하지 않으리라. 뭐 세상에는 모르는 편이 좋은 일도 있으니까.

그만큼 남편들이 아내에게 관심을 가지지 않기 때문에 아내들의 혼외연애는 쉽게 들키지 않는다. 오해가 없기를 바라지만 나는 지금 남편이 아내에게 관심을 가지지 않기 때문에 아내가 혼외연애를 한다고 말하는 것이 아니다. 혼외연애를 하는 아내들에게는 오히려 남편의 무관심이 고마울 것이다. 어쨌든 여성의 혼외연애가 잘 들키지 않는 것은 그런 이유가 밑바닥에 깔려 있다는 뜻이다.

더구나 앞에서도 말했지만 여성들은 전환이 빠르다. 많은 여성들은 가정과 아이를 소중하게 생각하면서, 무리하지 않는 상태에서 연애를 계속하려고 한다. 따라서 남편이 알아차리기 어려운 측면도 있으리라.

66
남편이 사랑으로 되살아난다

사랑에는 사람을 재생시키는 힘이 있다. 누군가를 사랑하거나 누군가에게 사랑을 받으면 기운이 없던 사람도 갑자기 되살아난다. 남녀노소를 불문하고…….

"나는 여자들에게 인기가 없어. 아내 한 사람으로도 벅차."

이렇게 말했던 남자 친구를 오랜만에 만났더니 왠지 분위기가 달라졌다. 어디가 어떻게 달라졌다고는 말하기 힘들지만 전체적으로 조금 둥글어지고 활기가 넘친다고 할까? 그런 분위기를 색기色氣라고 할 수 있으리라.

"무슨 일이 있었지?"

그래도 그는 히죽거리며 말을 돌리더니 다른 이야기를 하기 시작했다. 나는 일단 더 이상 캐묻지 않고 그의 이야기에 적당히 맞장구를 쳤다.

하지만 술에 취하자 그의 입이 가벼워졌다.

"아직 석 달밖에 안 됐지만 좋아하는 사람이 생겼어. 아주 좋은 사람이야."

말을 하면서도 그의 입가에서는 웃음이 끊이지 않았다. 그의 아내는 상당히 질투가 심한 사람이라서 나도 모르게 괜찮은 거냐고 물어보았다.

"실은 마누라 친구야."

그의 말이 끝나기도 전에 나는 버럭 소리를 질렀다.

"말도 안 돼! 들키면 어쩌려고 그래?"

알고는 있지만 그만둘 수 없다고 한다. 결혼한 지 25년. 외아들은 대학을 졸업하고 현재 지방에서 회사에 다닌다. 아내는 남아도는 시간을 주체하지 못해서 테니스를 치는 등 여러 가지를 배우고 있다.

아들이 자립하자 그의 마음에 휑하니 구멍이 뚫렸다. 일은 바쁘지만 그것만으로는 마음의 공백을 채울 수 없었다. 아내와는 아들이 어릴 때 교육 방침을 둘러싸고 치열하게 다툰 뒤, 계속 삐걱거렸다.

"어느 날, 아내의 친구인 그녀를 우연히 극장에서 만났지. 둘다 혼자 영화를 보러 간 거야. 영화가 끝나고 나서 가볍게 마시러 갔다 그대로……."

술기운을 빌려서 그대로 호텔로 들어갔다. 바로 끝낼 생각이었지만 그렇게 되지 않았다.

"섹스가 아주 좋았어. 섹스만이 아니야. 그녀와 같이 있는 게 행복해서 견딜 수 없을 정도였지. 이 나이에 그렇게 많이 웃은 건 오랜만이었어."

어쩌면 착각일지도 몰라 한 번 더 만났다. 역시 행복했다. 섹스도 했다. 그것 역시 뭐라고 표현할 수 없을 만큼 엄청난 쾌감이었다.

"그녀를 안고 있으면 몸뿐 아니라 마음도 벌거벗은 느낌이 들어. 단지 해방되었다는 느낌이 아니라 그녀 앞에서는 맨얼굴로 있고 싶다는 욕구가 솟구치더군. 그런 기분은 처음이었어."

술기운 탓도 있겠지만 그의 얼굴은 상당히 상기되어 있었다. 그녀의 육체는 탄력이 있어서 어떤 체위도 할 수 있다든지, 절정에 도달했을 때 얼마나 격렬했는지, 그 후에도 신이 나서 계속 떠들어댔다.

"신기하게도 그녀와는 뭔가 이어져 있다는 느낌이 들더군. 나는 원래 운명 같은 것은 믿지 않는 타입이라서, 이미 만나기로 정해져 있다는 식으로 생각한 적은 한 번도 없어. 그런데 그녀를 어느 날 갑자기 만나서, 그때부터 뭔가가 시작된 것은 사실이야. 5년 전에 만났으면 시작되지 않았을지도 몰라. 지금 만났으니까 시작된 거야. 이게 운명이란 걸까?"

운명 같은 것은 믿지 않는다고 하면서 운명론자처럼 말한다. 사랑하는 사람들은 모두 운명론자처럼 입만 떨어지면 운명이란 말을 입에 담는다. 사랑이라는 것이 우연 같기도 하고 필연 같기도 하기 때문이리라. 그의 말처럼 몇 년 전에 만났으면 사랑을 하지 않았을지도 모른다. 더구나 그녀와 결혼했다고 해서 잘 살았다는 보장은 없다. 단지 그때 그곳에서 만났기 때문에 사랑으로 발전한 것이다. 그렇게 생각하면 누구나 운명론자가 되어도 이상하지 않으리라.

그나저나 남자든 여자든 역시 사랑에 빠지면 사람이 달라진다. 그는 색기라고 할 수 있는 오라를 온몸에 걸치고 눈을 반짝이며 정열을 쏟아냈다.

"요즘에는 일도 즐겁고 온몸에 기운이 넘쳐. 마음도 자유로워지고."

마음이 자유로워진다…… 그렇다. 가정이 있는 상태에서 밖에서 사랑을 하면 마음이 자유롭지 못할 것 같지만, 사랑은 사람을 자유롭게 만든다.

나는 인생에서 가장 중요한 것은 자유라고 보고 있다. 사랑을 하면 의외로 자유에서 멀어지는 사람이 많다. 이렇게 하면 안 되지 않을까, 상대가 싫어하면 어떡하지 등등 생각이 많아지는 것이다. 혼외연애는 더욱 그렇다.

그러나 그 친구처럼 마음이 자유로워지는 사람도 있다. 중요한 것은 혼외연애가 도덕적으로 옳으냐 그르냐를 따지기보다 어떤 식으로 사랑하느냐가 아닐까?

6장

혼외연애에 미래는 있는가

"

혼외연애의 미래,
　　　은밀한 사랑이기에 구축할 수 있는 새로운 세계

혼외연애는 앞으로도 결코 줄어들지 않을 것이다. 기존의 가족 관계에 얽매여 있는 지금, 이 나라에서는 결혼에서 희망을 찾지 못하는 사람이 늘어날 수밖에 없다.

결혼하지 않든지 동거를 선택하든지 또는 결혼한 후에도 연애를 하든지…… 그런 사람들이 많아질 것이다. 세상의 체면을 신경 쓰는 사람은 줄고, 배우자를 배려하면서 연애를 관철하는 사람은 지금보다 많아지리라. 여성이 경제력을 가지면 그런 경향은 더 강해지리라고 보고 있다.

다만 아무리 세상이 달라져도 혼외연애는 당당하게 밝힐 수 없는 은밀한 사랑일 수밖에 없다. 그런데 은밀하기 때문에 오히려 즐겁다고 생각하면 두 사람만의 멋진 세계를 만들 수 있다. 사람들에게 공개할 필요는 없지만, 그렇다고 주눅 들 필요도 없는 것이다.

" 배우자의 인정을 받은 혼외연애는 성립할까?

내 지인 중에 독특한 부부가 있다.

어느 날 남편이 아내에게 이런 제안을 했다.

"서로 밖에서 다른 사람을 만나도 간섭하지 말기로 하는 게 어때? 밖에서 다른 사람을 사랑해도 되는 거야."

아내는 처음에 말도 안 된다고 펄쩍 뛰었다.

그녀는 "나를 더 이상 사랑하지 않는다면 차라리 이혼해"라고 말했다. 하지만 남편의 주장은 달랐다. 부부가 오래 같이 살면 신선함이 사라진다. 그것을 방지함과 동시에 서로에게 서로가 제일 좋다고 확인하기 위해서도 적당히 긴장감을 유지하는 게 좋다. 따라서 밖에서 좋은 사람이 생기면 적당히 연애하자는 것이다. 결혼한 지 20년이 지난 40대 후반의 부부다.

아내는 남편의 제안을 유보한 채, 사춘기 아들과 딸의 뒷바라지에다 회사 일까지 하느라 정신이 없었다. 반면에 남편은 만남 사이트를 통해서 여성들과 접촉하기 시작했다. 그리고 드디어 마음에 드는 유부녀를 만났다. 두 번째 데이트에서 관계를 가졌다고 남편은 아내에게 말했다. 아내는 조용히 눈물을 흘렸다. 그런데 세 번째 데이트에서 여성은 남편에게 '2회분'으로 6만 엔을 청구했다. 여성의 목적은 처음부터 돈이었던 것이다.

"연애는 하고 싶다고 해서 되는 게 아니더군."

남편은 자신의 안이한 행동을 아내에게 사과했지만, 부부 사이는 이미 삐걱거리기 시작했다.

그로부터 6개월 후, 아내가 집에 들어오지 않았다. 남편은 잠을 이룰 수 없었다. 다음 날 새벽 5시, 아내가 집에 들어왔다. 그리고 즉시 주방으로 가서 아이들의 도시락을 싸기 시작했다.

"일이 있으면 미리 연락을 해야지."

그렇게 투덜거리는 남편을 향해 아내는 활짝 웃으면서 말했다.

"미안해. 어떻게 말해야 좋을지 몰라서……."

그는 아내의 얼굴에서 사랑에 빠진 여자의 얼굴을 보았다. 그 순간, 남편의 마음속에서 격렬한 후회가 소용돌이쳤다.

"말은 서로 밖에서 사랑을 하자고 했지만, 실제로는 내가 사랑하는 것만 생각했지요. 아내가 다른 사람을 사랑했을 때, 얼마나 충격을 받을지는 상상조차 하지 않았습니다. 날카로운 칼이 심장을 찌르는 듯한 충격을 받았어요. 다른 남자를 만나고 온 아내의 얼굴이 그렇게 아름답다니."

충격이 너무 컸는지, 그 이후 남편은 가벼운 뇌경색으로 쓰러졌다. 아내는 남편을 헌신적으로 돌봐 주었다.

그로부터 5년이 흐르고, 부부는 지금도 이혼하지 않고 같이 살고 있다. 하지만 남편의 말에 따르면 아내의 연애는 여전히 이어지고 있는 것 같다고 한다. 진실을 아는 것이 두려워서 보고도 못 본 척하지만, 아내의 귀가가 늦어질 때마다 남자를 만난다고 생각할 수밖에 없다. 그것이 괴로워서 견딜 수 없다는 것이다.

남편의 말로 미루어 짐작하건대 아내는 이미 정확히 구분하고 있는 것 같다. 남편이나 가정을 버릴 생각은 없지만 자신의 사랑도 포기할 수 없다고……. 그녀는 말 그대로 사랑에 빠져버렸다. 만약 남편이 서로 밖에서 누구를 만나든 간섭하지 말자는 말을 하지 않았어도 그녀는 사랑에 빠졌을지도 모른다.

하지만 남편은 지금 후회하고 있다.

내가 왜 그런 말을 했을까. 왜 만남 사이트를 통해 여성을 만나고, 그것을 아내에게 말했을까. 그때 아내의 뺨을 타고 떨어지는 눈물을 남편은 지금도 잊지 못한다고 한다.

"부부 중 어느 한쪽이 밖에서 다른 상대와 사랑에 빠질 가능성은 있습니다. 하지만 그것을 공공연하게 인정하면 상대는 상처를 받을 수밖에 없지요. 만약 사랑을 한다면 배우자를 배려해서 알리지 않는 것이 최소한의 예의일 겁니다. 머리로는 인정해줄 수 있을지 모르지만 그것이 현실이 되니 괴롭기 짝이 없더군요."

부부 사이에 애정이 있느냐 없느냐에 상관없이 배우자의 또 다른 사랑을 알고 기분 좋은 사람은 아무도 없으리라. 법적으로 결혼한 이상 그것은 규칙 위반일 뿐만 아니라 좋아하는 사람을 독점하고 싶다는 본능에도 위반된다.

더구나 그럭저럭 원만히 지내는 부부라면 배우자에게서 다른 이성의 그림자를 보는 일은 결코 즐거운 일이 아니리라. 1 대 1 이외의 관계를 좋아하는 사람이라면 또 몰라도…….

앞날을 생각하면 암울하다

혼외연애를 시작한 지 15년째에 접어드는 아카네 씨(52세). 그녀 스스로도 지금까지 용케 이어지고 있다고 생각한다. 결혼한 지 26년, 그중 절반 이상의 시간을 혼외연애를 하고 보냈으니까 분명히 오래되긴 했다. 독립해서 혼자 사는 아들과 대학생 딸, 물론 남편까지도 그녀에게 다른 남자가 있다는 것은 전혀 모른다.

상대는 그녀보다 세 살 연하. 프리랜서로 IT에 관련된 일을 하고 있다.

"지금까지 가족들이 의심한 적은 한 번도 없어요. 그가 시간이 자유로워서 주로 낮에 만나기 때문이겠지요. 아이들이 큰 다음에는 친구와 여행 간다고 하며 그와 1박으로 여행도 가곤 했지만 역시 들키지 않았어요."

평소에는 일주일에 한두 번, 주로 오후 시간을 이용해서 만난다. 가끔 이틀 연속으로 만나는 일도 있고, 점심을 같이 먹는 일도 있다. 그에게 일이 없을 때에는 거의 같이 보낸다.

"10년이 지났을 때부터 앞으로도 계속 이렇게 만날 것 같다는 생각이 들었어요. 그런데 최근에는 과연 언제까지 만날 수 있을까 하는 마음이 스멀스멀 피어올라요. 예를 들어 그가 갑자기 죽어도 나에게는 전해줄 사람이 없잖아요. 만약 안다고 한들 장례식에도 갈 수 없고요. 나이를 먹으니까 그런 생각이 들기 시작하더군요……."

반세기 넘게 살다 보면 조금씩 앞일을 생각하기 시작한다. 체력이 쇠약해짐을 여실히 느끼면서 남은 인생을 걱정할 시기가 된 것이다. 15년의 역사는 두 사람에게 소중하지만 그것은 아무도 모르는 시간이기도 하다. 결국 두 사람은 누구에게도 인정받지 못하는 시간을 보낸 것이다. 그렇다고 허무한 시간인 것만은 아니었다.

"좋은 추억이 많이 있어요. 내 인생에서 가장 소중한 시간은 아이들과 보낸 시간과 그와 함께 있었던 시간이에요. 다만……."

그녀는 그곳에서 잠시 말을 끊었다. 그리고 먼 곳을 바라보며 혼잣말처럼 중얼거렸다.

"앞으로 3년이면 남편이 정년퇴직을 해요. 본인이 원하면 그 이후 5년 정도는 회사에 있을 수 있지만, 남편은 예순 살에 그만 두겠다고 하더군요. 남편이 집에 있으면 밖에 나갈 수 없으니까 그도 만날 수 없겠지요. 남편과 단둘이 집에 있을 생각을 하니 벌써 앞이 캄캄하고 우울해져요."

50대 여성 중에는 이렇게 말하는 여성이 많다. 지금까지 누렸던 자유를 잃어버릴까 봐 걱정하는 것이다. 그와의 밀회도 이미 자신의 생활에 들어 있기 때문에, 남편의 정년퇴직은 커다란 위기가 아닐 수 없다. 반대로 말하면 남편과는 오랫동안 같이 있고 싶지 않은 것이다.

마지막에는 부부가 함께 툇마루에서 햇볕을 쬐면서 차라도 마시고…… 옛날 영화에 나왔을 법한 광경이지만, 최근에는 그런 삶을 꿈꾸는 사람은 아무도 없다. 몇 살이 되어도 건강하게 돌아다니며 취미를 즐기고, 친구를 만나고, 애인과의 관계를 유지하고 싶다. 적어도 혼외연애를 하는 사람들은 그렇게 생각한다.

"나는 결국 황혼이혼을 했어요."

쇼코 씨(68세)는 온화한 미소를 지으며 그렇게 말했다.

그녀가 사랑에 빠진 것은 50세 때. 상대는 고등학교 시절의 동급생이다. 그 전까지는 부부관계가 좋지 않았지만, 사랑을 얻고 정신적으로 되살아나면서 오히려 가정을 소중히 생각하게 되었다.

그녀가 쉰다섯일 때 다섯 살 많은 남편이 정년퇴직을 했다. 남편은 매일 밖에도 나가지 않고 집에 있으면서 하루 삼시 세끼를 챙겨주지 않으면 화를 냈다. 그녀는 이를 악물고 참았지만 3년 만에 인내의 끈이 끊어졌다.

"그 사람도 마음대로 만날 수 없고, 그때까지 했던 파트타임 일도 남편 때문에 오후에만 할 수 있었어요. 남편은 집에 있어도 집 안일에는 손 하나 까딱하지 않아요. 그러자 점점 내가 무엇 때문에 이 집에 있을까 하는 생각이 들더군요. 아이들도 제 편을 들어주어서, 과감하게 남편에게 이혼신청서를 들이밀었어요."

33년에 걸친 결혼 생활은 아이들 눈에도 엄마가 인내하는 시간이었던 모양이다. 남편에게는 청천벽력이었겠지만, 자녀들이 앞장서서 변호사도 소개해주고 남편과도 중재해주었다.

"이혼신청서를 주고는 집을 나와서 아파트를 얻었어요. 처음으로 혼자 살기 시작했지만 그렇게 기분 좋을 수 없더군요. 그 이후 집을 팔고 재산도 절반으로 나누었지요. 가족은 뿔뿔이 흩어졌지만 나는 지금 처음으로 얻은 자유를 만끽하고 있답니다."

그때부터 사귀기 시작한 남성과는 가끔 같이 외출하거나, 그녀의 집에서 식사를 한다. 섹스도 한다고 한다.

"그는 체력을 유지해야 한다면서 피트니스클럽에서 몸을 단련하고 있어요. 나는 파트타임 일을 계속하면서 친구를 만나기도 하고, 아직 결혼하지 않고 일에 빠져 있는 딸과 밖에서 식사를 하기도 하죠. 내 인생에서 지금이 가장 행복할지도 몰라요. 이혼하기를 잘했다고 생각해요. 내 인생을 찾은 것이 이토록 행복할 줄 몰랐거든요."

그녀는 그렇게 말하면서 마지막에는 눈물까지 머금었다. 그대로 계속 참고 살았다면 아마 엄청난 스트레스에 휩싸였으리라. 지금처럼 환하게 웃는 일은 없었을지도 모른다.

"인간은 자기다움을 빼앗겼을 때 기력을 잃는 법이지요. 남편이 정년퇴직을 하고 3년 동안, 내 마음은 절망의 늪에 빠져 있었어요. 나중에 딸이 '그때는 엄마의 안색이 나날이 나빠지고 꼭 시들어가는 느낌이었어'라고 하더군요. 그때까지 살던 넓은 단독주택을 떠나서 작은 아파트로 이사했지만, 혼자 사니까 작아도 충분해요. 오히려 청소하기도 편하고요."

남편과 같이 살 때만큼 경제적으로 풍족하지는 않지만 여자 혼자 먹고 살면서 가끔 놀러 다닐 정도는 된다. 그러나 경제적인 풍족함보다 더 중요한 것은 마음의 자유다. 누구에게도 구속되지 않는 것만 해도 지금은 천국이나 다름없다.

"그래도 그 사람과 언제까지 만날 수 있을까, 언제까지 섹스할 수 있을까 걱정이 되기도 해요. 하지만 이제 그런 생각을 해봤자 소용없겠지요. 최근에는 벨리댄스를 시작했어요. 목표는 1년 후에 발표회에 나가는 거예요. 이런 식으로 작은 목표가 생기니까 사는 게 즐거워요."

인생 선배의 말은 항상 묵직하게 다가온다. 자신을 가두고 사는 것도 인생이고, 자유롭게 사는 것도 인생이다. 그녀는 이혼한 것을 후회하지 않는다고 단호하게 말했다. 더 일찍 이혼할 수 있었을지도 모르지만 그때가 가장 좋은 타이밍이었다고 한다. 아이들의 가슴에 상처를 주지 않아도 되고, 자신도 인내의 한계에서 추락하지 않아도 되고…….

인내의 한계는 사람마다 모두 다르다. 내가 예전에 이혼했을 때 생판 모르는 사람이 "당신은 참을성이 부족해"라고 말한 적이 있다. 그 말을 듣고 스스로를 돌아보았지만, 다른 사람이 어떻게 보든 나에게는 그것이 인내의 한계였다.

다른 사람의 의견을 참고할 필요는 없다. 자신이 더 이상 참을 수 없다고 판단한 곳이 진정한 한계이니까. 애당초 인내를 해야 할 필요는 어디에도 없다. 목표를 위해 참거나 견디는 일은 있어도 아무런 의미가 없는 인내는 할 필요가 없다. 참고 인내하다 보면 어느새 자신의 감정이나 희망까지 잃어버리게 된다. 인생에는 항상 선택 길이 있다. 궁지에 몰린 채 참을 수밖에 없다고 생각해도, 주변을 둘러보면 반드시 다른 선택 길이 있는 법이다. 선택 길이 없으면 만들어내면 되니까 결코 희망을 잃어서는 안 된다.

" 지금 이 순간을 살아라

2011년, 동일본 대지진이 일어났다.

그때의 기억은 지금도 생생하다. 당시 나는 도쿄에 있었는데, 그 이후 지진 공포증에 걸리는 바람에 지금은 땅이 흔들릴 때마다 입에서 심장이 튀어나오는 듯한 공포에 휩싸이곤 한다.

그 이후, 혼외연애 커플의 의식이 많이 달라졌다고 한다.

"그날 한밤중이 되어서야 겨우 그의 문자메시지가 도착했는데, 그때까지 걱정되어서 죽을 것 같았습니다. 그 이후에도 그의 일이 바빠서 계속 만나지 못했고, 우리 집도 정부에서 실시한 '계획 정전'으로 많이 힘들었고요. 그 후에 겨우 만났을 때 나는 이 사람과 절대로 헤어질 수 없다, 헤어지고 싶지 않다고 생각했어요. 그도 똑같은 심정이었다고 하더군요."

사유리 씨(45세)는 만난 지 2년째인 그에 대해서 이렇게 말했다. 지금까지 계속 죄책감에 시달리면서 만났지만 사람은 언제 죽을지 모른다. 그렇다면 사랑하는 사람과 같이 보내는 시간을 더 소중히 해야 하지 않는가? 그녀는 절실하게 그렇게 생각했다.

사람에게는 '지금' '이때'밖에 없을지도 모른다. 다음에 만나기로 하고 헤어진 뒤 어느 한쪽이 쓰러질지도 모르고, 교통사고가 날지도 모른다. 앞일은 어느 누구도 알 수 없다. 어떤 일이 기다리고 있을지 예측할 수 없는 것이다. 그렇다면 좋아하는 사람과 조금이라도 오래 만나고 싶다. 지금 이 순간을 소중한 시간으로 만들고 싶다……. 대지진을 기점으로 혼외연애를 하는 여성들로부터 그런 말을 많이 듣게 되었다.

지진을 계기로 더 굳게 맺어진 커플과 헤어진 커플 등 사랑에 여러 가지 변화가 나타났다. 인간은 언제 어떻게 될지 모른다, 지진은 그런 사실을 생생하게 가르쳐주었다. 때문에 헤어지고 싶지 않다고 생각한 사람들, 때문에 지금 헤어지는 편이 낫다고 생각한 사람들, 중요한 때 자신보다 가족을 더 생각한다는 것을 알고 헤어진 사람들 등등 나머지 인생이 달라진 것이다.

"지진이 있었던 다음 날 만나기로 약속했어요. 하지만 그럴 때가 아니었잖아요. 나는 '괜찮아? 내일 만나긴 힘들겠지?'라고 그날 밤에 문자메시지를 보냈는데, 그에게선 답장이 없더군요. 다음 날 아침에도 '걱정되니까 연락해줘, 오늘은 하루 종일 집에 있으니까'라고 문자메시지를 보냈어요. 그런데도 계속 감감무소식이었지요. 그로부터 며칠 후, 그에게서 문자메시지가 왔어요. '그때 동료가 도호쿠東北 지방에 출장을 가서 제정신이 아니었어'라고요. 하지만 내 마음은 이미 차갑게 식었지요. 그에게 나는 안부를 걱정하는 상대가 아니었구나 해서요."

지호 씨(43세)는 그것을 계기로 그와 헤어졌다. 막상 큰일이 생겼을 때 자신은 문자메시지 한 통, 전화 한 통도 받을 수 있는 상대가 아니었다고 생각하니 더 이상 마음이 불타오르지 않았다.

지진이 있었던 날은 금요일이었다. 그로부터 사흘간, 월요일이 되기 전에 연락을 준 경우에는 여성의 마음이 그렇게 식지 않았다. 그런데 월요일에 회사에 출근하고 나서 연락을 준 경우에는 이미 차갑게 식었다. 그동안 여러 가지 생각을 한 것이다. 그리고 쓸데없는 관계는 끝내버리겠다고 결심한 사람이 적지 않다.

그 지진은 혼외연애를 하는 사람들의 마음을 시험하는 사건이 아니었을까? 지진뿐 아니라 커다란 사건이 있었던 경우, 마치 그 사건이 시험무대라도 되듯이 그것을 계기로 더 뜨거워지거나 차갑게 식는 커플은 적지 않다.

남편은 생활의 파트너, 애인은 솔메이트

배우자가 정말로 싫어서 견딜 수 없다면 어떤 수단을 사용해서라도 이혼하리라. 이혼하지 않고 같이 사는 이유는 여러 가지가 있겠지만, 지금의 생활에 이점이 있거나 이혼할 만큼 힘들지 않기 때문일 것이다.

같이 살기에는 남편만큼 좋은 사람이 없다고 말하는 여성이 의외로 적지 않다.

"수입은 큰 문제가 아니에요. 물론 돈을 많이 벌면 좋지만 그것은 어쩔 수 없잖아요. 그 대신 우리 남편은 착하고 성실하며 집안일도 잘하고 아이들에게도 좋은 아빠예요. 난 남편을 진심으로 존경해요. 같이 사는 파트너로는 최고지요. 그래서 내가 왜 밖에서 다른 남자를 만나는지 이해할 수 없을 때가 있어요."

미유키 씨(40세)는 15년 전에 다섯 살 많은 남성과 사내결혼을 해서, 현재 열네 살인 외아들이 있다. 남편은 그때나 지금이나 여전히 가족들을 따뜻하게 보살펴준다고 한다.

"그런데 3년 전에 아들이 가입한 축구팀의 코치와 관계를 가지게 되었어요. 그는 나보다 한 살이 많아요. 다른 엄마들의 눈도 있어서, 데이트할 때는 항상 긴장해서 주변을 둘러보는데, 그럴 때마다 가슴이 쿵쾅거리고 숨이 멎을 것 같아요."

안정된 가정 생활에 싫증이 난 것은 아니다. 다정한 남편과 건강한 아들은 무엇과도 바꿀 수 없는 소중한 보물이다. 그럼에도 인간은 또 다른 사랑에 빠진다. 옆에서 보면 그렇게 위험한 짓을 저지르지 않아도 충분히 행복한데 왜 저럴까, 라고 생각하겠지만.

"뭔가가 부족한 게 아니에요. 다만 눈앞에 매력적인 사람이 나타났을 때 저항할 수 없었어요. 꼭 마법에 걸린 것처럼 말이에요."

남편의 부족한 면을 애인으로 보충하려는 게 아니다. 다만 꼭 이유를 찾아보자면 남편에게는 '남성적인 면'이 부족할지도 모른다고 그녀는 말한다.

"남편은 정말로 섹스를 싫어하는 것 같아요. 우리는 지금도 손을 잡고 자요. 목욕도 같이 하고요. 하지만 10년 전부터 거의 섹스를 하지 않아요. 남편은 평소에도 나를 자주 껴안아줘요. 스킨십을 좋아하거든요. 그런데 섹스는 도저히 좋아할 수 없대요. 그렇게 말하는데 섹스를 하자고 조를 수는 없잖아요. 나도 그렇게 섹스를 좋아하는 편은 아니고요. 다만 그 사람과 섹스를 하고 나서 생각하니, 남편과의 스킨십은 뭘까 싶더라고요."

지금도 남편과는 스킨십을 자주 한다. 그러나 그것과 그와 하는 섹스는 완전히 별개이다.

남편은 사랑한다. 그리고 그에게는 빠졌다. 그녀는 두 사람을 그렇게 구분했다.

"각자의 입장도 있어서 그를 만날 때는 항상 가슴이 두근거려요. 남편과 함께 있을 때와 달리 그를 만날 때는 완전히 여자가 되지요. 동물로서의 암컷이라고나 할까요? 그의 격렬한 섹스에 온몸이 흐물흐물 녹아내려요. 섹스뿐 아니라 그 사람과는 대화를 하는 것도 즐겁습니다. 그는 샐러리맨이지만 꿈이 아주 많아요. 축구를 통해 아이들에게 희망을 주고, 우리 지역을 좀 더 활발하게 만들고, 옛날에 하던 밴드 활동도 다시 하고 싶어 하고……. 그런 이야기를 들으니 나도 새로운 것에 도전하고 싶더군요. 그래서 예전에 했던 재즈피아노를 다시 시작했어요. 그는 항상 생활에 자극을 안겨줘요."

가정은 아무 일도 없이 평화로운 것이 가장 좋다. 그러나 사람은 자극이 없으면 매너리즘에 빠지게 된다. 그 결과, 새로운 자극을 안겨주는 사람에게 빠지는 것이다.

인간은 욕심이 많은 동물이다.

하지만 결혼한 이상, 자신이 원하는 것을 다 가질 수는 없다. 따라서 다른 사람과 비교하지 말고, 적당히 균형을 취하며 살아가는 지혜가 필요하다.

가정만 평화로우면 만족하는 사람도 있고, 모든 면에서 채워지지 않으면 부족함을 느끼는 사람도 있다. 또는 모든 것이 충족해야만 비로소 무엇이 부족했는지 알아차리는 사람도 있다.

예를 들면 나는 가끔 견딜 수 없을 만큼 나물이 먹고 싶어질 때가 있다. 시금치나 유채나물 등이다. 그것들을 탐닉하듯 먹고 나서 비로소 "아아! 요즘 나물이 부족했군" 하고 알아차린다. 부족하기 때문에 몸이 원하는 것이겠지만 의식적으로 알아차리는 것은 먹고 난 다음이다. 그때까지는 부족하다는 인식 자체가 없는 것이다.

사랑과 섹스와 가정 생활도 이와 비슷할 것이다. 사랑에 빠지고 나서 비로소 '내게 이것이 필요했다'라고 깨닫는다면, 그것은 자신에게 꼭 필요했던 것일지도 모른다. 물론 혼외연애에는 엄청난 위험이 따른다. 남편에게 들켜도 용서해준다는 둥 우리 남편은 화를 내지 않는다는 둥 안이하게 생각하는 여성도 없지 않지만, 그것은 사람의 마음을 모르는 철없는 생각이다.

어떤 위험을 등에 지고도 계속할 만한 가치가 있으면 저절로 각오도 생길 것이다. 그리고 여성은 자기도 모르는 사이에 그런 각오를 가지게 된다.

"

헤어지거나 같이 살거나 계속 사랑하거나

혼외연애의 종착지는 어디일까?

첫째, 애인과 헤어진다.

둘째, 어느 한쪽이 이혼하고 계속 사귄다.

셋째, 둘 다 이혼하고 재혼한다.

넷째, 현재 상태를 유지한다.

다섯째, 어느 한쪽이 죽는다.

이 다섯 가지 중 하나가 아닐까?

무엇이 좋고 무엇이 나쁜지 제3자는 판단할 수 없다. 자신의 상황이나 생각에 따라서 좋고 나쁜 것은 다르기 때문이다.

오랫동안 사귄 상대가 자신의 눈앞에서 쓰러져서 그대로 세상을 떠난 경우도 있다. 미호코 씨(59세)의 경우이다. 2년 전에 23년간 사귀었던 동갑의 애인이 같이 갔던 음식점에서 쓰러졌다.

두 사람은 원래 같은 직장 동기로, 그는 입사하자마자 간사이關 西 지방으로 발령이 났다. 이후 그녀는 25세에 친구 소개로 만난 남성과 결혼했다. 그 이후에 그도 간사이 지방에서 결혼했다.

그는 규슈, 홋카이도를 돌아다니다 그녀가 서른셋이 되었을 때 도쿄로 돌아왔다. 그 이후에는 가끔 둘이서 술을 마셨는데, 무엇보다 이야기가 잘 통했다. 1년 정도는 친한 동료로 지냈지만 서로 참을 수 없어서 호텔에 갔다.

그리고 약 25년에 걸쳐 둘의 관계는 은밀하게 이어졌다. 오랜 세월이 지나고 그는 관계회사의 임원이 되었지만, 둘의 관계는 끊어지지 않았다.

그날도 여느 때처럼 단골 음식점에서 만났다.

"그 음식점의 단골손님들은 우리를 부부로 알고 있어요. 사장님은 부부가 아니라는 것을 눈치챘지만 항상 친절하게 대해줬고요. 그 사람과는 일주일에 한두 번, 서로 무리하지 않는 범위 안에서 자연스럽게 만났어요. 그날은 처음으로 같이 여행 가기로 하고 그것에 대해 의논하기로 한 날이었지요. 얼마 전에 그가 갑자기 '한 번만이라도 좋으니까 같이 여행 가고 싶어'라고 하더라고요. 그와 같이 여행을 갈 수 있다니! 그것은 내 꿈이기도 했어요."

어디로 갈까? 1박으로 갈까, 2박으로 갈까? 설레는 마음으로 의논하던 도중, 벽에 기대어 있던 그가 신음을 내면서 힘없이 옆으로 쓰러졌다.

그다음에 무슨 일이 일어났는지, 그녀에게는 기억이 거의 없다. 단지 눈 깜짝할 사이에 그의 얼굴이 창백해지는 것을 바라보는 수밖에 없었다. 잠시 후 앰뷸런스의 요란한 사이렌 소리가 가까이 다가왔다.

그녀는 앰뷸런스에 타려고 했지만 음식점 사장이 말렸다. 기이하게도 그때 들은 사장의 말은 선명하게 기억에 남아 있다.

"내가 갈게요. 그 사람은 여기서 혼자 술을 마신 것으로 하겠습니다."

사랑하는 사람이 쓰러졌는데 앰뷸런스를 탈 수 없다니. 그녀는 자신의 처지를 절실하게 깨달았다. 그녀는 사장에게 연락해달라는 말을 남기고 혼자 집으로 갈 수밖에 없었다.

"집에 도착한 게 11시쯤이었을 거예요. 항상 늦게 오는 남편이 그날따라 일찍 와서 기분 좋게 말을 걸더군요. 나는 '미안하지만 오늘은 머리가 아파서 일찍 잘게'라고 말한 뒤 내 방으로 들어갔지요. 남편과는 오래전부터 방을 따로 썼거든요."

침대에 누워도 잠을 이루지 못해 뒤척거리고 있는데 새벽 5시에 휴대폰이 울렸다. 그가 세상을 떠났다는 소식이었다.

밤새 눈을 붙이지 못한 채, 다음 날 아침 여느 때보다 일찍 회사에 출근했다. 그의 죽음은 이미 회사에 전해져 있었다. 급성심근경색이었다.

그녀는 결국 장례식에 참석하지 않았다. 입사동기니까 간다고 해도 아무도 이상하게 여기지 않겠지만 발길이 떨어지지 않았다.

"도저히 그의 영정사진을 볼 수 없었어요. 가족들 앞에도 얼굴을 내밀 수 없었고요. 하지만 지금은 후회해요. 그때 가서 마지막 모습이라도 볼 것을…… 그때를 기점으로 내 삶은 멈췄어요."

그녀의 눈이 새빨개졌다. 그 당시에는 눈물도 나오지 않았다. 겨우 눈물을 흘릴 수 있게 된 것은 6개월 후였다고 한다.

갑자기 온몸이 아프고 숨도 쉴 수 없는 나날이 이어졌다고 그녀는 혼잣말처럼 중얼거렸다.

혼외연애의 경우, 어떤 이별이라면 만족할 수 있을까? 서로 합의를 하고 헤어지는 편이 나을까? 아니면 차라리 주변의 압력에 의해 찢어지는 편이 나을까?

어떤 여성은 그가 약속장소에 나타나지 않고 연락도 되지 않아서 걱정하는 와중에, 한참 후에야 그가 세상을 떠났다는 소식을 들었다고 한다.

혼외연애의 경우, 아무리 발버둥 쳐도 마지막 순간은 후회가 남는 이별이 기다리고 있을지도 모른다. 병에 걸려도 간병할 수 없고, 마지막 순간을 지켜볼 수도 없다. 때로는 병문안도 갈 수 없을지 모른다.

"마지막으로 한 번쯤은 같이 여행 가보고 싶었어요. 한 번이라도 좋으니까 어디 편한 곳에서 1박이라도 해보고 싶었어요."

그녀는 쥐어짜내는 목소리로 그렇게 말했다. 20년 넘게 만나고도 그에 대한 뜨거운 마음은 없어지지 않았다. 혼외연애이기 때문에 정열이 사라지지 않을지도 모르지만.

살다 보면 어떤 길을 선택해도 선택하지 않은 길에 대한 후회가 남는 법이다. 후회 없이 살고 싶은 마음이야 굴뚝같지만 그렇게 되지 않는 것이 인생이다. 혼외연애도 마찬가지이다. 결말이 어떻게 되어도 마지막에는 분명히 후회가 남는다. 하지만 그것까지 미리 각오하면 함께 있는 시간을 더 충실하게 보낼 수 있을 것이다.

"그래도 난 행복했어요. 그를 만나고, 그의 사랑을 많이 받아서……. 앞을 바라보며 살고 싶지만, 아직 그가 없다는 상실감에서 벗어날 수 없어요. 빨리 걸음을 내딛지 않으면 그의 마음이 아플 거라고 생각하지만요. 그는 '난 항상 열심히 사는 당신이 참 좋아'라고 했거든요. 형태가 있는 것은 아무것도 남지 않았지만, 그의 환한 웃음은 언제까지나 내 가슴속에 남아 있어요. 그것이 내 인생의 가장 소중한 보물이에요."

애절하다. 마음이 먹먹해진다. 너무도 안타까워서 나는 그녀의 눈을 똑바로 쳐다볼 수 없었다.

사랑할 때는 자신이 직접 여러 가지를 선택할 수 있지만, 혼외연애의 마지막 순간은 아무것도 선택할 수 없다. 안타깝지만 그것이 현실이다.

그래도 그녀의 말처럼 사랑한 기억이나 사랑받은 기억은 인생의 소중한 보물로 남을 것이다. 그것을 껴안은 채, 그녀는 미래에 희망을 가질 수 있을까. 하지만 어떤 상황에서도 인간은 희망을 가져야 한다. 그리고 사랑하고 사랑받은 기억이 그녀의 몸에 휑하니 뚫린 상실감을 뒤덮었을 때, 다시 평화로운 날들이 돌아올 것이다.

에필로그

시내 한복판에서 "지금 혼외연애를 하는 사람!" 하고 소리친다면

불륜의 시대를 지나 바야흐로 지금은 혼외연애의 시대이다. TV의 정보프로그램에서도 공공연히 혼외연애에 관해서 말하곤 한다.

결혼과 섹스, 이혼, 연애는 오랫동안 내 책은 물론이고 내 인생의 주제였다. 그래서 언젠가부터 불륜이라는 단어가 혼외연애로 바뀌게 된 과정과 현재의 상황을 정리하고 싶다는 생각이 들었다.

그때 미디어팩토리 신서의 사이조 유미코西條弓子 씨가 이 주제에 관해서 글을 써보지 않겠느냐고 제안을 했다. 마침 머릿속에서 어렴풋이 맴돌던 내용과 일치했다.

다시 혼외연애를 하는 주변 사람들의 이야기를 들었다. 내 홈페이지에 들어오는 사람들과 메일을 통해 이야기를 주고받고, 때로는 직접 만나러 가기도 했다. 그러면서 깨달은 것은 지금 현재 진행형인 혼외연애는 불륜이라고 하던 시대와 형태는 물론이고 마음까지 달라졌다는 점이다.

특히 최근 10년 사이에 남성의 의식이 크게 바뀌었다. 여성보다 남성들이 더 마음을 추구하게 된 것이다. 그만큼 남성들이 살기 힘든, 마음이 편하지 않은 시대라는 반증이리라.

있을 곳을 잃어버린 남성들이 유일하게 기운과 용기를 얻을 수 있는 것이 혼외연애라면, 혼외연애를 한다고 탓할 수만은 없을 것이다.

한편 여성들의 의식도 바뀌고 있다. 일단 혼외연애를 절대로 해서는 안 되는 것으로 여기는 여성들이 대폭 줄었다. 바야흐로 대낮에 시내 한복판에서 "지금 혼외연애를 하는 사람!"이라고 소리치면 열 명 중 다섯 명은 흠칫 놀라며 뒤를 돌아보지 않을까?

연애 초기에는 갈등하는 것이 당연하지만, 그 마음을 스스로 해결할 수 있는 여성이 늘어났다. 사랑을 사랑으로 정면에서 받아들이고, 사랑에 휘둘리지 않고 멋지게 다스리고 있다.

그리고 "섹스하고 싶다" "그 사람과의 섹스를 잃고 싶지 않다"라고 말하는 여성도 늘고 있는 것이 현실이다. 자신의 욕망에 충실한 여성이 늘고 있는 것이다. 섹스뿐 아니라 인생 자체에 탐욕스러워졌다. 그것은 같은 성性을 가진 사람으로서 마음 든든한 일이기도 하다.

어쨌든 이제 혼외연애를 좋다, 나쁘다로 포착하는 것은 그만두어야 한다. 지금 무슨 일이 일어나고 있는지, 결혼제도를 포함해서 가족관이나 인생관을 다시 생각해야 할 때가 아닐까?

자신의 이야기를 솔직하게 털어놔준 분들께 고개를 숙여 감사의 인사를 드리고 싶다. 책에 등장하는 이름은 전부 가명을 사용했다.

편집부의 사이조 유미코 씨에게 이 자리를 빌려 고마운 마음을 전하고 싶다. 그녀는 절묘한 타이밍에 메일을 보내서 내 게으름에 채찍질을 해주었다. 그리고 최초의 독자로서 정확한 조언과 날카로운 지적을 해주었다.

또한 이 책을 읽은 독자 여러분께도 진심으로 감사의 인사를 드린다.

마지막으로 혼외연애를 하는 분, 또는 한 적이 있는 분의 의견을 나는 지금도 기다리고 있다.

불륜과 혼외연애의 결정적 차이

몇 년 전부터 일본의 책이나 TV를 통해 새로 등장한 말이 있다. 바로 '혼외연애'다. 혼외연애가 뭐지? 뭐야, 불륜이잖아! 단지 불륜을 미화한 것뿐이잖아! 그런데 과연 그럴까? 과연 혼외연애란 말은 단지 불륜을 미화한 것뿐일까?

불륜이란 말은 원래 '인륜에 어긋나는 일'을 뜻한다. 즉, 사람으로서 지켜야 할 도리를 벗어난 일은 모두 불륜이라고 할 수 있다. 그런데 언젠가부터 배우자가 있는 사람이 다른 사람을 사랑하는 것에 한정해서 사용하게 되었다. 그렇다면 원점으로 돌아가서, 결혼하면 왜 다른 사람을 사랑하면 안 되는 것일까? 배우자가 있는 사람은 왜 다른 사람에게 관심을 가지면 안 되는 걸까? 이렇게 물어보면 대부분의 사람들은 입에 침을 튀기며 열변을 토하곤 한다. 가정이 있는 사람이 어떻게 무책임하게 한눈을 팔 수 있느냐는 둥, 그것은 상대방에 대한 배신이라는 둥, 사람이 동물과 다른 점은 도덕과 윤리가 있기 때문이라는 둥……. 그렇다, 모두 맞는 말이다. 그것에 대해 이의를 제기할 사람은 아무도 없으리라.

그럼에도 배우자가 있는 상태에서 사랑에 빠지는 사람이 있다. 그들이 모두 무책임하고 비도덕적인 사람이기 때문일까? 세상에는 하지 말아야 하는 줄 알면서도, 마음속에 죄책감을 껴안으면서도, 모든 비난과 손가락질을 받아들일 각오를 하면서도 사랑에 빠지는 사람이 있다. 사랑은 이론도, 정론도, 도덕도 아니니까. 누군가가 말했듯이 사랑은 언제 어디서 일어날지 모르는 교통사고 같은 것이니까……. 그리고 지금 많은 사람들이 실제로 혼외연애를 하고 있는 것이 사실이다.

미리 말해두지만 이것은 혼외연애를 권장하는 책이 아니다.

지금 하나의 사회현상이 되어 있는 혼외연애에 대해, 그들은 왜 죄책감을 껴안으면서도 혼외연애에 빠질 수밖에 없었는지, 그들은 어떤 고민과 어떤 불안을 가지고 있는지, 그들의 미래는 어떻게 될 것인지 분석한 책이다. 저자인 가메야마 사나에는 지금까지 여성의 삶을 중심으로 연애, 결혼, 성 문제에 대한 사회 상황을 정확하게 분석해온 논픽션 작가이자 소설가이다. 그녀는 말한다. 불륜과 혼외연애에는 결정적으로 다른 점이 있다고. 그것이 무엇인지 이 책을 통해서 찾아보는 것은 어떨까?

이선희

새우와 고래가 함께 숨쉬는 바다

난 결혼해도 연애가 하고 싶다 – 혼외연애

지은이 가메야마 사나에
옮긴이 이선희

펴낸곳 도서출판 창해
펴낸이 전형배

출판등록 제9-281호(1993년 11월 17일)
1판 1쇄 인쇄 2015년 8월 20일
1판 1쇄 발행 2015년 8월 27일

주소 서울시 마포구 토정로 222(신수동 448-6) 한국출판협동조합 A동 208-2호
전화 02-333-5678
팩스 02-707-0903
이메일 chpco@chol.com

ISBN 978-89-7919-587-3 03190

KONGAI RENAI
ⓒ 2014 Sanae Kameyama
Edited by MEDIA FACTORY.
First published in Japan in 2014 by KADOKAWA CORPORATION.
Korean translation rights reserved by Changhae Publishing Co.
Under the license from KADOKAWA CORPORATION, Tokyo.
Through BC Agency.

이 도서의 국립중앙도서관 출판시도서목록(CIP)은 서지정보유통지원시스템 홈페이지
(http://seoji.nl.go.kr)와 국가자료공동목록시스템(http://www.nl.go.kr/kolisnet)에서
이용하실 수 있습니다.(CIP제어번호: CIP2015021488)

* 값은 뒤표지에 있습니다.
* 잘못된 책은 구입하신 곳에서 바꿔드립니다.